UNIVERSITÉ DE PARIS — FACULTÉ DE DROIT

DU ROLE DU LÉGISLATEUR DANS LA FIXATION DE LA PEINE

THÈSE POUR LE DOCTORAT

présentée et soutenue

le Mardi 29 Mai 1900, à 8 heures 1/2

PAR

Albert ESNAULT

AVOCAT A LA COUR D'APPEL

Président : M. LE POITTEVIN.

Suffragants : MM. LAINÉ, SALEILLES, *professeurs.*

PARIS

LIBRAIRIE NOUVELLE DE DROIT ET DE JURISPRUDENCE

ARTHUR ROUSSEAU

ÉDITEUR

14, rue Soufflot, et rue Toullier, 13

1900

THÈSE

POUR LE

DOCTORAT

La Faculté n'entend donner aucune approbation ni improbation aux opinions émises dans les thèses ; ces opinions doivent être considérées comme propres à leurs auteurs.

UNIVERSITÉ DE PARIS — FACULTÉ DE DROIT

DU

ROLE DU LÉGISLATEUR

DANS LA

FIXATION DE LA PEINE

THÈSE POUR LE DOCTORAT

L'ACTE PUBLIC SUR LES MATIÈRES CI-APRÈS
Sera soutenu le Mardi 29 Mai 1900, à 8 heures 1/2

PAR

Albert ESNAULT

AVOCAT A LA COUR D'APPEL

Président : M. LE POITTEVIN.

Suffragants : MM. LAINÉ, SALEILLES, *professeurs.*

PARIS
LIBRAIRIE NOUVELLE DE DROIT ET DE JURISPRUDENCE
ARTHUR ROUSSEAU
ÉDITEUR
14, rue Soufflot, et rue Toullier, 13

1900

A LA MÉMOIRE DE MON PÈRE

A MA MÈRE

DU ROLE DU LÉGISLATEUR DANS LA FIXATION DE LA PEINE

INTRODUCTION

Une loi pénale contient deux éléments nécessaires : une prescription et une sanction ; ce sont là les deux faces d'un texte de droit pénal. La loi ordonne de faire ou d'éviter tel acte, si l'individu ne tient pas compte de cet ordre, une peine doit lui être infligée.

Mais ces actes, quels seront-ils ? Pourquoi devront-ils être punis ? Et cette sanction, de quelle nature sera-t-elle et qui la fixera ? Problèmes complexes qui soulèvent encore aujourd'hui un grand nombre de difficultés sur lesquelles l'accord est loin d'être établi.

D'après les principes de notre droit pénal, il n'appartient qu'au législateur d'incriminer un acte, d'en faire un délit, sinon ce serait l'arbitraire judiciaire ou administratif et la liberté des citoyens ne serait plus sauvegardée ; chacun doit connaître d'une manière précise les faits qu'il lui serait dangereux d'accomplir ; tout ce qui n'est pas défendu par la loi reste par cela même permis.

La seconde partie du problème, qui concerne la sanction de la loi, la peine, soulève un grand nombre de questions qui relèvent les unes du droit public interne et les autres de la science pénitentiaire : il faut déterminer la nature de la peine à appliquer, sa quotité, son caractère, son but et ses effets et d'autre part le pouvoir qui sera chargé de la fixer.

La peine est un moyen d'assurer la diminution de la criminalité, mais elle n'est qu'un des moyens, sans doute des plus efficaces mais non le meilleur : mieux vaut prévenir que réprimer. Quoiqu'il en soit, la peine porte atteinte aux droits de l'homme : la prison, c'est l'individu privé de sa liberté, avec l'amende il est frappé dans ses biens, l'interdiction légale l'empêche de disposer de sa fortune, la dégradation civique lui enlève les droits énumérés dans l'article 34 du Code pénal. Cette entreprise directe contre les droits de l'individu ne peut émaner que de l'autorité judiciaire, dans les cas prévus par le législateur, sous les conditions et dans les limites qu'il a déterminées.

Trois pouvoirs interviennent dans la fixation de la peine : le législateur détermine la nature et la quotité de la peine, le juge applique cette peine que l'administration fait exécuter.

Cette division des attributs de la souveraineté en trois branches distinctes, ou en deux branches suivant une autre opinion, constitue le principe fondamental des libertés modernes ; il n'y aurait pas liberté si la puissance de juger n'était point séparée de la puissance législative et de l'exécutrice, ce serait le despotisme si le pouvoir qui fait la loi était chargé en outre de la faire exécuter.

Sous un régime de liberté, la peine doit être à la fois une menace et une garantie. Il faut que la peine soit redoutée, c'est là une des conditions les plus sûres de son efficacité. Et comme un châtiment, terrible pour l'un sera peut-être assez indifférent à l'autre, il faut que la peine soit en même temps proportionnée à la gravité du délit et à la perversité du délinquant.

Mais alors une objection se pose : la faculté discrétionnaire d'appréciation, qui permet de mieux choisir et mesurer la peine, constitue d'autre part un danger d'arbitraire si l'on considère les garanties dues à l'individu.

La peine doit assurer la diminution du crime et pour qu'elle garde cette prérogative, juge et législateur ne doivent pas oublier que le véritable but d'une peine, quand il y aura lieu d'en fixer une, est d'intimider le délinquant et le coupable de demain, que l'amendement n'est que l'accessoire parce qu'il sera bien souvent irréalisable. « Un système pénal quelconque est surtout un frein pour les hésitants, un moyen de mettre à l'écart les dangereux, il est rarement un moyen de régénération pour les malfaiteurs (1). »

Nous nous proposons dans cette étude de préciser l'œuvre du législateur dans la fixation de la peine, jus-

(1) M. Prins, *Science pénale et droit positif*, p. 26.

qu'à quel point il intervient dans cette détermination et le but qu'il a cherché à atteindre. Après avoir résumé brièvement la solution de cette question dans le droit barbare du Moyen-Age, nous examinerons le système adopté par notre ancien droit de la Renaissance à la Révolution de 1789 et les critiques qu'il souleva. Analysant les principes nouveaux apportés dans notre droit pénal à cette époque, nous nous efforcerons de montrer que pendant le cours de ce siècle le législateur a abdiqué ses pouvoirs d'une façon constante et progressive entre les mains du juge et de l'administration. Nous exposerons ensuite les principes des théories nouvelles sur le mode de fixation des peines.

PREMIÈRE PARTIE

—

HISTORIQUE

CHAPITRE PREMIER

COMMENT LE POUVOIR A ÉTÉ AMENÉ A PUNIR L'ACTE CRIMINEL

Rappelons en quelques mots la formation du droit pénal pour montrer comment le pouvoir a été amené à intervenir et à punir l'acte criminel dans les sociétés anciennes.

Si nous laissons de côté l'époque légendaire où les les dieux de l'Olympe et les divinités guerrières du Walhalla parcouraient les tribus et les forêts pour recevoir les plaintes des victimes et châtier l'agresseur, la répression de l'injustice était confiée à l'autorité familiale, si elle était commise au préjudice de l'un des membres de la famille ; si le tort avait été causé à un autre groupe et si l'on voulait en poursuivre la réparation, il y avait guerre privée, de famille à famille. Ce n'est que plus tard, après l'agglomération des familles et l'affaiblissement du lien familial, que nous trouvons la vengeance privée. Mais la victime peut renoncer à se venger moyennant une rançon librement débattue, c'est là le système des compositions volontaires. Dans une autre phase, le groupe politique (État, cité, tribu, etc.), s'occupant d'assurer la tranquillité publique, rendit les compositions légales et obligatoires : la victime est obligée de se contenter et le coupable obligé de lui payer la somme fixée pour chaque délit : nous en avons un exemple dans les tarifs de compositions contenus dans la loi Salique et dans la loi Ripuaire. C'est la première forme de l'immixtion des pouvoirs publics dans la répression des crimes et délits. Enfin dans une dernière phase, l'État, devenu assez puissant, supprime la composition comme il a supprimé la vengeance, il procède lui-même à la répression, c'est ce que font les États modernes.

CHAPITRE II

LE DROIT BARBARE EN GAULE DU Ve AU Xe SIÈCLE

—

C'est le droit romain, sauf quelques coutumes provinciales, qui s'appliquait en Gaule à l'époque des invasions du Ve siècle, si nous en croyons l'opinion générale d'après laquelle la Gaule, conquise par Jules César, aurait été promptement et profondément romanisée.

Le droit criminel des barbares qui envahirent la Gaule au Ve siècle en était encore à la première phase de sa formation? Tout les délits contre les particuliers donnaient ouverture à la vengeance privée, mais la paix se faisait d'ordinaire moyennant une composition payée par le coupable. La coutume avait établi un tarif pour chaque délit, et elle ouvrait une action en justice à la victime pour faire condamner le coupable au paiement de la composition ; la coutume n'imposait pas cette voie conciliatrice et laissait la victime libre de poursuivre sa vengeance.

Le pouvoir public n'intervenait encore que comme médiateur et il se faisait payer le prix de cette médiation. Cependant, pour certains crimes regardés comme particulièrement graves à cette époque : les crimes contre la civitas et ceux qui auraient pu attirer sur le peuple la colère des dieux, le droit organisait une répression publique et prononçait la peine de mort contre les coupables.

C'est le même pouvoir qui fait et applique la loi : c'est le roi franc qui rend lui-même la justice, sa compétence est illimitée et indéterminée. elle n'a pour règle que la volonté même du roi. C'est aussi le roi franc qui exerçait le pouvoir législatif, il faisait des lois ou ordonnances obligatoires pour tous, elles portèrent le nom de capitulaires sous les Carolingiens. Nous voyons les capitulaires punir la trahison, l'infidélité envers le roi, la désertion à l'armée, la fausse-monnaie, le faux témoignage, le brigandage, le vol dans les églises. Les peines édictées sont cruelles ; la peine de mort, surtout par la pendaison, la mutilation de divers membres.

Quant aux délits privés, on en mesure la gravité aux conséquences préjudiciables que ces délits peuvent avoir et non à l'intention de celui qui les a commis ; on ne tient compte que du fait réalisé, le degré de responsabilité du coupable est indifférent, on ne s'attache qu'au résultat.

Le pouvoir cherche moins à punir le criminel qu'à protéger ce dernier contre celui qu'il a offensé. La législation des capitulaires ne permet plus de refuser la composition que le coupable est prêt à payer. Chaque crime avait son tarif spécial et déterminé par la loi ou la coutume, c'est ainsi que la plupart des titres de la loi Salique s'occupent des tarifs des diverses compositions.

Quand l'offenseur avait payé le wergeld ou la composition à sa victime, le pouvoir intervenait pour faire respecter le traité de paix par l'offensé. Le caractère pénal de cette composition s'accentua plus tard quand le pouvoir se fut fortifié, il obligea le coupable à payer au roi et à la justice l'argent de la paix *(fredum ou fredus)*, cet argent de la paix servait à la fois d'expiation pour l'offenseur et de prime pour la justice.

Le wergeld était à la charge de la famille tout entière de l'offenseur; si le coupable était insolvable, chacun de ses parents contribuait au paiement du wergeld dans la proportion pour laquelle il en aurait eu lui-même sa part dans la situation inverse.

Si l'offenseur ne voulait pas ou ne pouvait pas se racheter, le pouvoir, c'est-à-dire le roi représenté par ses officiers, intervenait pour le saisir et le livrer à l'offensé, ou bien pour le déclarer wargus, hors la loi, ce qui autorisait chacun à le tuer impunément; ou enfin il l'expulsait du pays.

Cette composition pécuniaire, revenant pour une partie à l'offensé et pour l'autre partie au roi, était le moyen normal de répression des délits. De plus cette peine était fixe, on sait d'avance le prix que l'on devra payer à la victime ou à sa famille pour un crime déterminé :

la loi Salique évalue la composition en monnaie d'or ou d'argent, c'est ainsi que le wergeld du Franc Salien était de 200 sous d'or, tandis que celui du Gallo-Romain n'était que de 100 sous d'or (environ 1,440 francs).

Après Charlemagne, le pouvoir royal va sans cesse en s'affaiblissant, les anciennes lois tombent en désuétude et il n'en est pas promulgué de nouvelles.

Nous ne suivrons pas le droit pénal pendant la féodalité ; nous allons essayer d'exposer les règles de la fixation des peines pendant la période comprise entre la Renaissance et la Révolution de 1789.

CHAPITRE III

LE SYSTÈME RÉPRESSIF DE NOTRE ANCIEN DROIT. — LES PEINES ARBITRAIRES

—

Au sortir de la féodalité, le droit pénal nous apparaît comme à peu près oublié ; il y avait bien des textes : les lois barbares ou les chartes, mais ces textes étaient étouffés par la coutume.

C'est seulement au XVIe siècle que le droit pénal se forme en tant que science avec Farinacius et Damhoudère. Les sources principales auxquelles ils recourent sont : la coutume et le droit romain.

De son côté, la jurisprudence, aidée de ces ouvrages, constitue un droit pénal coutumier qui nous est exposé par Jousse et Muyard de Vouglans. En outre, un grand nombre d'ordonnances royales légifèrent sur le droit pénal, comme l'ordonnance de Blois de 1579 qui punit les crimes contre la sûreté de l'État, le duel ; l'ordonnance de 1435 pour le vol qualifié, et les nombreuses ordonnances qui répriment la mendicité et le vagabondage. Les lois romaines et les coutumes réglaient les cas non prévus.

En présence d'un tel état de choses, quelle pouvait être l'autorité du pouvoir législatif dans la fixation de la peine ? Notre ancien droit semble ignorer le principe *nulla pœna, nullum crimen sine lege* ; le législateur n'a pas fixé d'avance toutes les incriminations, la liste n'en fut jamais close et il était permis au juge de punir un fait non prévu par les édits ou les ordonnances.

Jousse, au titre des Peines, tome I, livre III, nous donne cette classification des peines : « Les peines sont : ou légales, ou fondées sur l'usage des tribunaux, ou arbitraires.

« Les peines légales sont celles qui sont établies par les lois et ordonnances du royaume pour certains crimes, comme la peine de mort pour le vol domestique.

« Les peines fondées sur l'usage des tribunaux sont celles qui se prononcent presque uniformément dans tous les tribunaux pour certains crimes, quoique ces peines ne soient établies par aucune loi du royaume.

« Les peines arbitraires sont celles qui dépendent de la prudence du juge et qui s'infligent à proportion de la grandeur du crime, elles dépendent du lieu, du temps, de la personne, de la récidive, etc... et des autres circonstances qui peuvent contribuer à rendre le crime plus ou moins grave. »

De même dans Muyard de Vouglans : « C'est une maxime générale parmi nous que les peines sont arbitraires en ce royaume ; non pas à la vérité que le juge ait la liberté d'absoudre ou de condamner à son gré, mais il doit régler son jugement et mesurer les peines suivant la nature du crime et des preuves, la qualité des accusés, etc... ; et encore cela ne doit s'entendre qu'avec deux modifications remarquables : l'une qu'il y a de certains crimes dont la peine se trouve directement prononcée par les ordonnances du royaume, et dont la preuve une fois acquise met les juges supérieurs, comme les autres, dans la nécessité de prononcer conformément à la disposition de ces lois ; de ce nombre sont entr'autres les crimes de duel, d'assassinat, de rapt, d'empoisonnement, de vol domestique, etc.

« L'autre que dans les cas sur lesquels l'ordonnance ne s'explique point et paraît s'en rapporter à la prudence du juge, il n'appartient proprement qu'aux juges des Cours supérieures de modérer ou convertir les peines, et non à des juges subalternes qui sont tenus de se conformer à la rigueur des lois et de la jurisprudence. »

Ces textes nous montrent que le législateur a laissé au juge le soin de réprimer les délits, dans quelques cas il est intervenu pour fixer une peine, mais les ordonnances n'ont pas prévu toutes les hypothèses qui pourront se présenter en pratique et il était permis aux juges, tout au moins aux juges supérieurs, de punir malgré le silence de la loi.

Étudions ces trois catégories de peines pour montrer le rôle secondaire que jouait le pouvoir législatif dans la fixation des peines.

1° *Peines légales.*— C'est là seulement que le législateur intervient et encore avec quelles restrictions. Il y a plusieurs cas où les lois du royaume ont établi des peines pour certains genres de crimes, ainsi pour les voleurs de grands chemins, le duel, les assassins, etc. Dans l'imposition des peines légales, le juge doit se conformer exactement à la loi, et il ne peut, en aucune manière, changer la disposition lorsque la loi qui édicte la peine est claire et évidente, ce qui laisse un large pouvoir d'appréciation au juge quand le texte sera obscur. Quelques ordonnances punissaient même certains faits par une peine arbitraire ; d'autres enfin édictaient une peine et ajoutaient que le juge ne pourrait rien modifier dans cette peine, mais au bout de quelques années, le juge n'appliquait plus la peine sous prétexte de désuétude.

2° *Peines fondées sur l'usage des tribunaux.*— Elles formaient un droit pénal coutumier ; il y a des crimes qui n'ont pas été prévus par le législateur, ils seront néanmoins punis et, dans ce cas, la peine est déterminée par l'usage. La Chambre de la Tournelle, section du parlement de Paris, avait une jurisprudeuce à peu près fixe et les juges inférieurs devaient se conformer à ses précédents.

3° *Peines arbitraires.* — C'est cette troisième catégorie qui contient de beaucoup les peines les plus nombreuses dans notre ancien droit et dans certains cas, c'est au juge seul qu'il appartient « d'individualiser » la peine. Il lui est non seulement permis d'atténuer la peine, mais il peut encore l'augmenter, quelques textes lui en reconnaissent formellement le droit : d'après un édit de 1776, le boulanger qui voulait fermer sa boutique devait faire auparavant une déclaration au lieutenant de police « à peine de 500 livres d'amende, ou plus forte peine s'il y échet ».

Le juge est dans ce système le collaborateur du pouvoir législatif, c'est lui qui est préposé à la défense sociale. Il peut, de sa propre autorité, infliger une peine. combiner deux peines différentes, ajouter tel supplice qu'il jugera bon, sous la seule réserve que cette peine soit du nombre de celles en usage dans le royaume, c'étaient : le feu. la roue, la potence, la tête tranchée, la peine d'être traîné sur une claie, les galères à temps ou à perpétuité, le bannissement perpétuel ou à temps, le poing coupé, la langue coupée ou percée d'un fer chaud, le fouet, la flétrissure, l'amende honorable, le pilori, le carcan, la réclusion, le blâme et l'admonition. Supplices : faire bouillir le coupable dans une chaudière, l'écartellement à quatre chevaux, diverses mutilations et les tortures de la question préparatoire et de la question préalable.

C'est au juge à décider si, dans un cas donné, il y a lieu d'imposer une peine grave ou une peine légère et de bien faibles barrières viennent seules mettre un terme à ce pouvoir si étendu ; trop souvent, dans notre ancien droit, la peine était laissée à l'arbitraire du juge, et ceci est d'autant plus remarquable quand on pense aux nombreuses formalités de la procédure criminelle de l'ordonnance de 1670, presque toutes prescrites à peine de nullité.

Pour compléter l'exposé du système répressif de notre ancien droit, il faut mentionner l'immixtion fréquente du roi dans l'administration de la justice, Par les lettres de grâce il pouvait soustraire une personne déterminée à l'application de la loi : par les lettres de cachet il lançait un ordre d'emprisonnement ou d'exil contre un homme politique gênant ou dangereux.

Comment expliquer un pareil système ? Cela tenait sans doute à l'absence de textes bien impératifs, si l'on excepte l'ordonnance de 1670 sur la procédure criminelle, notre droit pénal n'avait pas été codifié, et si l'on pense aux conflits des coutumes entre elles et avec les ordonnances royales, à l'hostilité toujours grandissante des parlements pour les actes du pouvoir législatif et ajoutée à cela l'influence du système romain, il n'est pas étonnant de voir le pouvoir judiciaire jouer un rôle prépondérant dans la fixation de la peine. Son œuvre consiste à choisir parmi les peines en vigueur, ou à les combiner pour proportionner le châtiment au délit qu'il doit réprimer ; une seule restriction pour les juges inférieurs (prévôts, baillis et sénéchaux), ils sont tenus de conformer leurs décisions à celles d'un pouvoir judiciaire supérieur, aux arrêts des Parlements.

D'après la théorie que les légistes avaient élaborée,

le roi était la source de toute justice ; mais par suite de l'agrandissement de ses domaines, il avait cessé de bonne heure de rendre la justice en personne. Il avait alors délégué son droit et son pouvoir à des magistrats; le pouvoir judiciaire possédait ainsi en son propre nom un des attributs de la souveraineté, et c'est là sans doute une nouvelle cause de l'extension de ses fonctions.

Que vaut le système de l'arbitraire? — Il présente deux dangers : 1° La peine arbitraire sera tantôt trop douce, tantôt trop dure. Il est facile de démontrer par la pratique judiciaire actuelle que l'habitude de juger amène souvent l'adoucissement de la pénalité. Dans certains cas, au contraire, la conscience du juge est révoltée et il passe brusquement de la modération excessive à une sévérité exagérée; 2° Si la répression est abandonnée à l'entière discrétion du juge, la liberté des individus n'est plus sauvegardée, et c'est alors le despotisme judiciaire, non moins dangereux que tout autre forme de despotime ; pour garantir la liberté de l'individu, le rôle de l'autorité judiciaire doit être limité par la loi.

Au XVIIIe siècle, Beccaria disait : « Si les lois ne sont pas fixes et littérales, si l'unique droit du magistrat n'est pas de décider que l'action est contraire ou conforme à la loi écrite ; si la règle du juste et de l'injuste qui doit diriger également les actions de l'homme ignorant et de l'homme instruit, n'est pas pour le juge une simple question de fait, le citoyen sera esclave des magistrats. »

La peine arbitraire avait pourtant de grands avantages qu'il serait injuste de méconnaître : ce système permettait au juge de tenir compte non seulement du crime, mais surtout du criminel, il pouvait appliquer au coupable de la façon la plus exacte possible le châtiment que son délit méritait, le juge avait devant lui tous les éléments nécessaires pour arriver à ce résultat : il connaissait l'individu qu'il allait condamner, il pouvait s'assurer de ces antécédents, de son repentir, savoir le mobile qui l'avait poussé au crime.

Pris sous cet aspect le système de l'arbitraire était irréprochable, avec un juge austère et impartial, nul autre ne pouvait assurer une meilleure répression. Mais où était la garantie pour l'accusé ? N'aurait-il jamais à redouter la partialité de ses juges ? Il eut été alors à leur entière discrétion, sa vie, ses biens, sa liberté n'auraient plus été sauvegardés.

La plus juste critique qu'il soit possible de faire à ce système est d'exposer la façon dont il fut jugé à l'époque même où il était appliqué.

Le système des peines arbitraires souleva des réclamations unanimes que nous trouvons formulées dans les écrits de Montesquieu, de Voltaire, de Servan, de Beccaria et dans les cahiers de doléances des États généraux de 1789.

Beccaria, dans son *Traité des délits et des peines*,

nous montre comment les peines arbitraires constituent un danger pour la société : « C'est une erreur non moins répandue que contraire à la fin de l'établissement de la société, qui est la sûreté personnelle, de laisser le magistrat exécuteur des lois, maître d'emprisonner un citoyen, d'ôter la liberté à celui qu'il hait, sous de frivoles prétextes, en laissant libre celui qu'il favorise malgré les indices les plus forts. » Et plus loin : « Il n'appartient qu'aux lois seules de décerner la peine des crimes, et le droit de faire des lois pénales ne peut résider que dans le législateur. Il suit de là que le magistrat ne peut avec justice infliger à un autre membre de la société une peine qui n'est pas décernée par la loi....., et ne peut accroître la peine prononcée contre le crime d'un citoyen. Le juge ne doit faire que décider s'il y a eu ou non violation du contrat social. » Voici la conclusion de son traité : « Pour qu'une peine ne soit pas une violence d'un seul ou de plusieurs contre un citoyen, elle doit être publique, prompte, nécessaire, etc..... et fixée par la loi. »

Ce sont les mêmes plaintes dans les cahiers de doléance des États généraux de 1789. Tous réclament du législateur un Code pénal qui assure la sûreté des personnes et des biens, on demande une loi claire et précise qui exclut l'arbitraire et l'inégalité des peines. « La liberté individuelle est le premier des droits sacrés de l'homme, cet objet est trop digne de l'attention du législateur dans la réformation de la justice criminelle pour qu'il soit besoin d'en faire sentir l'importance. » D'autres réclament « de n'être soumis qu'aux lois et de ne pouvoir être punis que pour les cas qu'elles ont prévus et dans les formes qu'elles ont prescrites ». — « Que le Code criminel soit réformé et que le juge soit tenu de juger suivant le texte précis de la loi sans pouvoir s'en écarter sous prétexte d'interprétation. » — « Que les lois criminelles établies ou à établir seront rigoureusement observées. C'est l'insuffisance et l'imperfection de notre droit criminel, composé d'une infinité de pièces rapportées, qui a amené la jurisprudence mouvante et arbitraire qui nous gouverne et nous opprime. »

Tels étaient les principes de la fixation des peines à la veille de la Révolution et les réclamations qu'ils soulevèrent de toutes parts. Il n'est donc pas surprenant de voir le législateur de cette époque établir un système qui est l'antithèse de celui de la période précédente, le système des peines légales fixes.

CHAPITRE IV

LE SYSTÈME DES PEINES LÉGALES FIXES

—

Le droit intermédiaire comprit que le droit pénal faisait partie du droit public et, comme tel, il devait garantir la liberté des citoyens.

Après avoir fixé, dans la déclaration des droits de l'homme, les principes des libertés modernes, l'Assemblée Constituante en fit l'application dans les Codes de 1791, où nous trouvons la plupart des principes fondamentaux de notre législation pénale actuelle.

L'article 8 de la déclaration des droits de l'homme décidait : « La loi ne doit établir que des peines strictement et évidemment nécessaires, et nul ne peut être puni qu'en vertu d'une loi établie. » C'est là que se trouvait, suivant Montesquieu, la sauvegarde « de l'honneur, de la fortune, de la vie et de la liberté des citoyens ».

Ce principe, appliqué d'une façon rigoureuse par le droit de la Révolution, n'a rien perdu de sa force et domine encore aujourd'hui toute notre législation pénale ; il signifie que nul acte ne saurait être incriminé et puni par le juge, tant qu'il n'aura pas été incriminé et puni par le législateur ; la répression n'est plus arbitraire, elle est devenue légale.

Il résulte de là qu'il est interdit aux juges non seulement de prononcer des peines pour les faits qui n'ont été en aucune manière incriminés par la loi, mais même d'en prononcer pour ceux qui présentent avec les délits prévus une analogie plus ou moins grande. Tandis que le juge civil ne peut pas refuser de statuer sous prétexte du silence ou de l'insuffisance de la loi sans se rendre coupable d'un déni de justice, le juge criminel, au contraire, doit, en pareille circonstance, non pas refuser de rendre un jugement, mais prononcer l'absolution.

Von Liszt a très justement dit : « Si paradoxal qu'il puisse être, un Code pénal est la *magna charta* du criminel. Il ne protège ni l'ordre légal, ni la société, mais surtout l'individu qui se met en révolte contre eux. Il assure le droit de n'être puni que dans les conditions et dans les limites légales. Le double adage : *Nullum crimen sine lege, nulla pœna sine lege*, est le rempart du citoyen contre l'omnipotence de l'État. Depuis longtemps, j'ai caractérisé le droit pénal comme le pouvoir répressif de l'État légalement limité. »

On a prétendu que dans notre ancien droit, l'arbitraire du juge avait été introduit pour protéger l'individu contre l'excessive sévérité des lois : en 1791, le législateur crut devoir restreindre ce pouvoir pour protéger les individus contre les abus des juges eux-mêmes. La maxime : *nullum crimen.....* devint la garantie de la liberté et de l'indépendance des citoyens.

Ajoutons à ceci : la restriction de la peine à la mesure des nécessités sociales, le principe de l'égalité des peines et de la personnalité du châtiment, nous aurons ainsi énuméré les idées nouvelles, en matière de pénalité, apportées par la Révolution de 1789.

Ces principes nouveaux, dûs à l'influence des écrits de Montesquieu, de Voltaire, de Rousseau et de Beccaria, devaient bientôt recevoir leur application ; le Code du 25 septembre-6 octobre 1791 pour les infractions criminelles les consacra législativement dans le système des peines légales fixes (1).

Le magistrat ne peut pas punir l'acte s'il n'a pas été d'avance incriminé par le législateur, et il doit appliquer au délit la peine même qui est fixée par la loi, sans pouvoir la modifier ; c'est là une peine légale fixe : le législateur incrimine un fait et pour ce fait il fixe une peine, mais sans maximum ni minimum.

L'Assemblée Constituante, nous dit Treilhard dans l'exposé des motifs du Code de 1810, ne crut pas pouvoir resserrer dans des limites trop étroites la délégation de pouvoir faite à la magistrature : elle règla en conséquence avec une grande précision la durée de la

(1) Le décret du 19-22 juillet 1791 sur la police municipale et correctionnelle laissait au juge une certaine latitude dans l'application de la pénalité ; il établissait un maximum et un minimum pour l'emprisonnement et l'amende.

peine qui devait être appliquée à chaque fait particulier et elle voulut, qu'après la déclaration du jury, la fonction du juge fut bornée à l'application mécanique du texte de la loi.

Ainsi, en haine de l'arbitraire, dont l'ancienne jurisprudence avait tant abusé, on s'était jeté dans l'excès contraire et on avait enlevé au juge toute faculté de proportionner la peine à la culpabilité individuelle et véritable des condamnés.

Les Codes de 1791 ne font plus de distinction entre les différentes classes de citoyens, qu'il s'agisse des anciens nobles ou roturiers, la peine est égale pour tous, la qualité de la personne ne sera plus une cause d'atténuation ou de modification de la peine comme dans notre ancien droit. Une loi du 21 janvier 1790, article 1er, décrète : « Que les délits de même genre seront punis par le même genre de peines quels que soient le rang et l'état du coupable. »

Montrons le fonctionnement du système des peines légales fixes en analysant la peine du vol : le vol était puni de 10 ans de fers s'il était accompli à force ouverte ou par violence, de 8 ans de fers s'il était accompli avec effraction, fausses clefs ou avec escalade, ou par un commensal avec un domestique. De 6 ans s'il était commis dans l'intérieur d'une maison. De 4 ans s'il était commis dans un lieu public ou s'il s'agissait du vol d'un objet confié. De 4 ans s'il s'agissait d'un vol commis dans une voiture publique ou dans une réunion.

Il y avait ainsi une gradation dans la peine, on voulait infliger une sanction proportionnée au délit et c'était le législateur qui d'avance avait calculé cette proportion.

Chacun de ces vols pouvait comporter les circonstances aggravantes fixées par la loi et qui entraînaient une augmentation de la peine. Exemple : le vol commis à force ouverte ou par violence était punis de 10 ans de fers, mais s'il avait été commis sur grands chemins, on devait ajouter 4 ans, si le voleur s'était introduit dans la maison par escalade ou avec fausses clefs, 4 ans de plus, et encore 4 ans si c'était la nuit ou en réunion. Le maximum de la peine des fers était de 24 ans, si en additionnant la peine fixée pour le délit et celle des circonstances aggravantes on dépassait ce chiffre, le juge devait ramener la peine à ce maximum.

En outre, la loi ajoutait que le jury devait décider si l'accusé était coupable sans s'inquiéter de la peine qui pourrait lui être appliquée.

Les Codes de 1791 se font remarquer par un adoucissement de la pénalité. Voici l'énumération des peines qu'ils prononcent : 1° La mort, qui n'est désormais qu'une simple privation de la vie, sans qu'on puisse exercer aucune torture contre le condamné ; 2° les fers ; 3° la réclusion dans une maison de force ; 4° la gêne, qui consistait à enfermer le coupable seul, dans un lieu éclairé, sans fers ni liens, et à lui interdire toute sorte de communication avec les autres condamnés ou personne du dehors ; 5° la détention ; 6° la déportation ; 7° la dégradation civique ; 8° le carcan.

Toutes les peines privatives de liberté sont temporaires ; le droit de grâce ayant été retiré au roi, on avait rejeté les peines perpétuelles parce qu'elles paraissaient s'opposer à l'amélioration du condamné en le réduisant au désespoir. Ce fut seulement le sénatus-consulte du 16 thermidor an X qui devait venir restituer le droit de grâce au profit du premier consul.

Quels effets produisit le système de la peine légale fixe ? Le juge était lié par la loi et obligé de prononcer la peine fixée par elle, souvent contre sa conscience et contre toute justice ; alors les jurés, reculant devant la sévérité de la peine encourue, acquittaient le prévenu. Le système conduisait encore à une véritable inégalité des peines ; il était impossible au législateur de fixer d'avance la peine juste et équitable que le jury devait appliquer à un accusé déterminé, il ne pouvait pas prévoir tous les cas ou toutes les circonstances qui accompagneraient le délit, le Code énumérait bien les circonstances aggravantes, mais il ne tenait pas compte de la valeur de l'objet volé, des motifs qui ont pu amener le coupable à voler, des antécédents du condamné ; tandis que quelques années de fers seront peu de chose pour un récidiviste, cette même condamnation pourra être fort rigoureuse pour un condamné primaire.

Ce système eut le tort de ne pas combiner le régime

de la légalité du délit avec celui de l'arbitraire des peines, en établissant un sytème pénal assez large et assez souple pour se prêter à toutes les mesures que nécessitait la condition individuelle du coupable. En voulant éviter toute incertitude dans la détermination du châtiment, le législateur arrivait infailliblement à punir trop peu et souvent à l'impunité absolue.

C'était l'arbitraire de la loi substitué à l'arbitraire du juge ; on voulut faire de la loi à la foi une garantie et une menace ; l'intention du législateur de 1791 était d'ôter aux juges la possibilité d'appliquer des peines excessives et de pourvoir cependant à ce que la peine fut toujours suffisante. En réalité il a forcé le juge à décerner des peines égales pour des actions qui constituent un crime ou un délit de la même espèce, mais dont la culpabilité est cependant bien différente. D'un autre côté il a mis le juge dans l'impossibilité de proportionner la peine à la criminalité du fait, si les cas et conditions prévus par la loi se trouvent réunis, le délinquant encourt la peine fixée par le texte de la loi, peu importe toute circonstance de fait si elle n'a pas été prévue par le Code :

Un brigand de profession force une porte, sans montrer les armes qu'il a sur lui et dont il est décidé à faire usage s'il rencontre de la résistance, et vole une valeur de 100,000 francs. Un malheureux, poussé par la misère et la faim, fait sauter la mauvaise serrure de la porte d'un boulanger et emporte quelques livres de pain. Dans les deux cas il y a vol avec effraction, la loi ne tient pas compte de la valeur de l'objet volé, des intentions du délinquant, elle oblige le juge à porter la même peine pour ces deux délits si différents.

Le législateur joue un rôle prépondérant dans la fixation de la peine, c'est de lui seul qu'elle dépend, sauf à voir, dans la pratique, le juge acquitter, s'il a quelque scrupule à frapper un accusé d'une peine disproportionnée.

En établissant le principe de la peine fixe, le législateur ne s'était peut-être pas bien rendu compte de tous ses effets. Ce fut une violente réaction contre le système précédent, dénoncé de toutes parts comme mettant en danger la liberté et la sécurité des citoyens.

Parti d'un principe juste : qu'il appartient au législateur de garantir l'individu contre tout despotisme, qu'il soit judicaire ou administratif, l'application pratique fut défectueuse. Il faut non seulement que la peine soit fixée par la loi, mais il faut encore qu'elle soit juste, et elle ne le sera que si elle peut être proportionnée à la gravité du délit et la perversité du délinquant. C'est ce que nous appelons aujourd'hui l'individualisation de la peine, or cette individualisation ne doit pas être faite exclusivement par le législateur, parce qu'il ne peut pas prévoir toutes les espèces, faire toutesles distinctions, parce qu'il ne connaît pas l'individu à condamner.

Loi du 25 frimaire an VIII.

Rendue d'urgence, décida qu'il y aurait un maximum et un minimum pour chaque peine : « Considérant, disait la Commission du Conseil, que l'expérience a fait sentir la nécessité d'établir une plus juste proportion entre les peines et certains délits, que ce défaut de proportion est trop souvent une source d'impunité, que l'impunité est elle-même une source de délits contre lesquels l'intérêt social réclame un prompt remède, approuve l'acte d'urgence et les résolutions suivantes, etc... »

C'est ainsi que l'article 2 de la loi de frimaire an VIII décide : « Lorsqu'un vol aura été commis de jour dans l'intérieur d'une maison, la peine ne pourra pas être moindre d'une année, ni excéder quatre années d'emprisonnement. »

Tous les autres délits prévus par cette loi sont de même punis d'une peine indiquée par un maximum et un minimum.

C'était là une nouvelle application d'un système qui devait être généralisé dans le Code de 1810.

DEUXIÈME PARTIE

—

LE CODE PÉNAL DE 1810

ET LES LOIS POSTÉRIEURES QUI SONT VENUES LE MODIFIER

CHAPITRE PREMIER

SYSTÈME DU CODE PÉNAL : PEINES LÉGALES AVEC MAXIMUM ET MINIMUM

—

La législation pénale de 1791 devait vite subir d'importantes réformes. Par un arrêté du 7 germinal an IX, une commission composée de Viellard, Target, Oudard, Treilhard et Blondel, s'occupa de la composition d'un Code criminel.

Le projet qu'ils rédigèrent permettait au juge, pour les peines temporaires, de se mouvoir entre un maximum et un minimum. Le travail de la commission fut imprimé et distribué à la Cour de cassation ainsi qu'aux Cours d'appel pour qu'elles eussent à y faire leurs observations. Le tout fut renvoyé à la section de législation du Conseil d'État présidée par Bigot-Préameneu.

Sur les principes de la fixation des peines admis par le projet, la Cour de cassation avait fait ces réflexions : « C'est une idée séduisante que celle qui a engagé le législateur à prévoir non-seulement toutes les espèces de délits, mais encore les circonstances qui pouvaient les aggraver, et à déterminer la gradation des peines d'après la nature et le nombre des circonstances.

« Mais si la loi ne peut déterminer toutes les nuances d'après lesquelles un délit se varie à l'infini, qui le rendent plus ou moins grave et odieux, qui le rendent susceptible d'une peine plus ou moins sévère ; si cette précision mathématique ne peut pas exister dans le Code pénal, cette idée de gradation qu'on a embrassée ne manque-t-elle pas son but ? Ne devient-elle pas au contraire une source d'erreurs et d'injustices ?

« Qu'un minimum et un maximum soient établis dans la gradation des peines qui en sont susceptibles, l'inconvénient disparaît et ce serait une crainte vaine que celle de l'arbitraire laissé au juge, puisque la loi aura posé les limites qu'il ne pourra jamais franchir. »

Cette latitude que l'on proposait de laisser au juge dans la détermination de la peine était déjà un progrès sensible sur le système de la peine légale fixe où il était enchaîné par le texte de la loi : il lui serait ainsi permis de tenir compte, dans une certaine mesure, des circonstances du délit et de la criminalité subjective du délinquant.

La section de législation du Conseil d'État, chargée de présenter les questions fondamentales du Code criminel, posa cette question : « Les juges auront-ils une certaine latitude dans l'application des peines ? Y aura-t-il un maximum et un minimum qui leur laisseront la faculté de prononcer la peine pour plus ou moins de temps suivant les circonstances ? » La Commission se prononça pour l'affirmative, sans discussion, le 5 juin 1804.

Pendant quatre ans on ne songea plus au projet de Code criminel. la discussion n'en fut reprise qu'au mois d'octobre 1808. dans la séance du 30 prairial, on décida de nouveau qu'on laisserait aux magistrats une certaine latitude dans l'application des peines.

Ce fut là le système admis définitivement dans le Code pénal de 1810 : en principe, la loi fixe un maximum et un minimum pour chaque peine, il est permis au juge de l'appliquer comme il l'entendra, pourvu qu'il demeure entre ces deux limites extrêmes. C'est ainsi que nous lisons dans l'article 428 : « Ceux qui auront recélé ou fait recéler des personnes, qu'ils savaient avoir commis des crimes emportant peine afflictive, seront punis de trois mois d'emprisonnement au moins, et de deux ans au plus, etc. » De même dans l'article 445 : « Quiconque aura abattu un ou plusieurs arbres, qu'il savait appartenir à autrui, sera puni d'un emprisonnement qui ne sera pas au-dessous de six jours, ni au-dessus de six mois à raison de chaque arbre coupé, sans que la totalité puisse excéder cinq ans, etc. » Toutefois le principe ne s'appliquait que pour une certaine catégorie de peines, de beaucoup les plus nombreuses, pour les peines temporaires.

La fixation de l'amende a donné lieu à des difficultés qui ont été résolues par la jurisprudence dans le courant de ce siècle. Le législateur fixe l'amende par maximum et minimum, ou bien en journées de travail, dans ces cas pas de difficulté; de même s'il s'agit d'amendes proportionnelles, avec maximum et minimum, l'un et l'autre proportionnels, ou bien seulement l'un des deux termes variable et l'autre fixe. Mais il y a des cas où le législateur n'a fixé que le maximum de l'amende, la jurisprudence admet aujourd'hui que le juge peut descendre jusqu'à un franc, que l'amende soit correctionnelle ou de simple police. Si la loi fixe le minimum, sans déterminer le maximum, la jurisprudence décide que la peine devient fixe.

Le système de la Révolution n'avait pas été complètement abandonné, les peines perpétuelles étaient demeurées fixes, le juge n'avait pas le pouvoir de les atténuer. Les peines étaient encore fixes à un autre point de vue, il n'était pas permis aux magistrats de changer une peine criminelle en peine correctionnelle.

Les causes d'aggravation et les causes d'atténuation des peines sont déterminées limitativement par la loi, le juge n'a aucun pouvoir propre d'appréciation, il doit se renfermer dans les limites que le texte lui a tracées.

La loi fixe un maximun, c'est là une garantie pour la liberté individuelle des délinquants, il y aura toujours une limite qu'il sera impossible au juge de franchir. D'autre part le maximum des peines du Code pénal de 1810 est suffisamment élevé, pour qu'il n'y ait pas de ce côté un obstacle aux pouvoirs du juge : s'il s'agit d'un vol simple, le maximum est de 5 ans et 10 ans s'il y a récidive. On a même adressé à ce Code le reproche de s'être montré trop sévère. Cette critique est peut-être juste aujourd'hui, il y a en ce moment en France un courant d'idées défavorables à la sévérité de la répression ; mais pour bien juger une œuvre, il faut se placer à l'époque où elle a été faite et voir les besoins auxquels elle répondait. Or si l'on pense aux peines sauvages de l'ancien droit, aux supplices horribles que l'on faisait subir aux grands criminels, on peut se demander s'il n'eut pas été dangereux en 1810 de remplacer subitement une pratique aussi cruelle par une trop douce répression.

En sens inverse, le législateur à déterminé le minimum de la peine et le juge ne pourra descendre au dessous que dans les cas limitativement énumérés par des textes. On n'a pas voulu que, par suite d'une indulgence exagérée, le juge puisse, dans certaines circonstances particulièrement favorables à l'accusé, condamner un délinquant dangereux à une peine dérisoire. C'était là une garantie pour la société, le but du Code de 1810 étant d'intimider les coupables et ceux qui auraient été plus tard tentés de les imiter, il importait d'assurer une répression d'une sévérité certaine.

Rien n'est laissé à l'arbitraire du juge, son rôle s'est agrandi, tout en restant contenu dans d'étroites limites : y a-t-il lieu d'aggraver ? Il faut trouver un texte qui autorise cet accroissement de peine ; les causes d'aggravation sont légales, quelles que soient les circonstances qui aggravent la culpabilité du délinquant, si ces circonstances n'ont pas été incriminées par la loi, il sera impossible au juge d'aller au-delà du maximum de la peine normale. Les causes d'aggravation sont générales ou spéciales : Les premières comprennent la récidive ou bien dépendent de ce que le coupable était fonctionnaire ou officier public, chargé de surveiller ou de réprimer le délit qu'il a commis, article 198. Les causes d'aggravation sont pour la plupart spéciales : elles tiennent à ce que le délit a été commis la nuit, avec violence, par un domestique, au lien de parenté qui unit la victime à l'auteur du crime ou du délit, etc... Pour aggraver une peine dans un cas donné, il faut encore que toutes les conditions prévues par la loi soient accomplies ; prenons par exemple la récidive. un individu a déjà été condamné pour vol et il commet un second vol, le juge ne pourra lui appliquer les peines de la récidive que si les conditions suivantes se trouvent réalisées : il faudra deux condamnations ; la première doit être pénale, définitive et prononcée par une certaine juridiction française ; la seconde condamnation doit être en outre motivée par une nouvelle infraction, indépendante de la première et commise par la personne même contre qui avait été prononcée la première condamnation.

Il en est de même pour atténuer la peine fixée pour un crime ou un délit, il faut qu'un texte le lui permettre expressément, les causes d'atténuation sont elles aussi énumérées limitativement, article 65 : « Nul crime ou délit ne peut être excusé, ni la peine mitigée que dans les cas et les circonstances où la loi déclare le fait excusable ou permet de lui appliquer une peine moins rigoureuse ». Les causes d'atténuation sont les excuses, que l'on peut distinguer en deux classes : les excuses atténuantes comme la minorité de 16 ans, la provocation : et les excuses absolutoires qui suppriment la peine, bien que l'individu soit coupable, par exemple lorsqu'il y a eu ordre donné par un supérieur, quand l'un des auteurs du crime dénonce ses complices, etc... On ne trouve pas dans le Code de 1810 de dispositions générales qui laissent au juge la faculté d'abaisser la peine, si ce n'est en matière correctionnelle et lorsque le préjudice causé par ce délit est moindre de 25 francs.

L'article 463 était ainsi conçu : « Dans tous les cas où la peine de l'emprisonnement est portée par le présent Code, si le préjudice causé n'excède pas 25 francs, et si les circonstances paraissent atténuantes, les tribunaux sont autorisés à réduire l'emprisonnement même au-dessous de six jours, et l'amende même au-dessous de 16 francs. Ils pourront aussi prononcer séparément l'une ou l'autre de ces peines, sans qu'en aucun cas elle puisse être au-dessous des peines de police. »

Le Code de 1810 ne permettait pas d'accorder les circonstances atténuantes en matière criminelle, et voici sur quelles considérations on s'appuyait, pour expliquer cette restriction : « En matière correctionnelle, la peine est toujours soit l'emprisonnement, soit l'amende, soit l'un et l'autre ensemble. Cela posé, la réduction des peines de police correctionnelle ne frappe que sur la quotité de l'amende et la durée de l'emprisonnement. Au contraire, les peines établies en matière criminelle, étant de différentes espèces, il faudrait, lorsqu'un crime serait atténué par quelque circonstance qui porterait le juge à considérer la peine comme trop rigoureuse quant à son espèce, que celui-ci fut autorisé à changer l'espèce de la peine et à descendre du degré fixé par la loi a un degré inférieur; par exemple à prononcer la réclusion au lieu des travaux forcés à temps; ce changement, cette substitution ne serait pas une réduction de peine proprement dite, mais une véritable commutation de peine. Or, le droit de commutation de peine est placé par la constitution dans les attributs du souverain, il fait partie du droit de faire grâce. »

Ce n'était là qu'un raisonnement spécieux, le juge qui substitue l'emprisonnement à la réclusion n'a pas l'intention de faire grâce au prévenu et ne lui accorde, en réalité, aucune grâce : il constate seulement que le fait, en raison des circonstances objectives ou subjectives qui l'ont accompagné, a perdu de sa gravité et qu'une peine d'emprisonnement est une sanction suffisante pour le réprimer.

Le droit de grâce, supprimé sous la Révolution comme arbitraire, rétabli en l'an X au profit du premier consul, fut maintenu par le Code pénal. De tout temps, on a reconnu la nécessité de pouvoir adoucir les sentences pénales, soit que l'autorité judiciaire ait été obligée par un texte de prononcer une peine trop rigoureuse, ou que le coupable ait mérité cette faveur depuis sa condamnation. La grâce consiste dans une remise ou une réduction de la peine, mais elle n'efface ni la condamnation ni les incapacités, elle est accordée par le chef du pouvoir exécutif, en 1810 le droit de grâce fut réservé à l'empereur.

Le Code de 1810 a divisé les peines en trois catégories : les peines criminelles, correctionnelles et de simple police, entrainant une classification correspondante des infractions. A ces peines, dites principales, viennent s'adjoindre des peines accessoires et des peines complémentaires. Les peines accessoires sont attachées de plein droit par le législateur à la peine principale, c'est ainsi que la dégradation civique et l'interdiction légale sont les accessoires des peines criminelles. Les peines complémentaires, au contraire, ne sont encourues que si le juge les prononce, la loi a voulu lui laisser le pouvoir d'apprécier s'il était juste ou non qu'elles soient appliquées, comme l'interdiction de certains droits à l'individu : droits politiques, civils ou de famille.

Comment expliquer une si étroite limitation des pouvoirs du juge ? C'était un effet de la réaction contre le système des peines arbitraires de notre ancien droit, c'est à cette réaction que l'on avait dû, en 1791, le système des peines fixes légales, corrigé en partie dans le Code de 1810 par le système de la peine légale avec une certaine faculté d'appréciation pour le juge. De plus on s'était inspiré des idées utilitaires de Bentham, le fondement du droit de punir basé sur l'utilité sociale, la peine doit être un moyen d'intimidation ou de réparation, nécessaire pour le maintien de l'ordre social. On a peut être mesuré les châtiments, moins sur la moralité des actions incriminées que sur les nécessités de l'intimidation et on est arrivé à sacrifier les droits de l'individu à la protection des intérêts sociaux ; par suite, le législateur s'est crû obligé d'assurer un minimum de repression obligatoire.

Cette individualisation *a priori* de la peine par le législateur, renfermée dans des limites trop étroites. était difficile et dangereuse : la conscience du juge et celle du peuple devaient bientôt être amenées à faire la critique de ces principes dans leur application.

CHAPITRE II

LOI DU 25 JUIN 1824

On se rendit bien vite compte qu'une pénalité exagérée aboutissait souvent à faire prononcer l'acquittement du prévenu, le juge préférant laisser un crime ou un délit impuni plutôt que de lui appliquer une sanction injuste.

La loi du 25 juin 1824 permit aux magistrats de la Cour d'assises d'abaisser la peine de certains crimes et même de changer dans quelques cas la peine criminelle en peine correctionnelle. Cette loi fit descendre dans la catégorie des délits : les vols commis soit dans une auberge ou hôtellerie par d'autres que l'aubergiste ou l'un de ses préposés, soit dans les champs ou dans les ventes, vols que les articles 386 et 388 punissaient de la réclusion. Cette loi, développant le germe contenu dans l'article 463, autorisait une déclaration de circonstances atténuantes dans la détermination des peines prononcées par les articles 302, 309, 383, 384, 386.

CHAPITRE III

LES CIRCONSTANCES ATTÉNUANTES. — LOI DU 28 AVRIL 1832

—

La réforme fondamentale, au point de vue du sujet que nous traitons, fut celle de 1832, qui permit au juge d'accorder les circonstances atténuantes à l'accusé.

Le Code de 1810 fut, dans l'ensemble de l'œuvre législative promulguée au début de ce siècle, la partie que l'opinion publique accueillit avec le moins de faveur. Parmi les critiques qui furent portées contre lui, les plus vives portèrent sur l'exagération des peines qu'il avait édictées. En vain, lors de la discussion, Treilhard avait-il dit : « Nous n'avons jamais perdu de vue le but que nous devions atteindre, celui de concilier la sécurité publique qui réclame des peines répressives et le vœu de l'humanité qui repousse toute rigueur qui n'est pas nécessaire. » Bientôt, l'expérience démontra que, subissant l'influence des temps où il vivait, préoccupé avant tout de la nécessité d'intimider les criminels et dominé par les idées de Bentham, le législateur avait dépassé le but qu'il voulait atteindre et édicté des pénalités parfois barbares et souvent trop sévères.

Formulées d'abord par les jurisconsultes, les critiques que soulevait cette législation se répandirent peu à peu dans la masse du public ; trop souvent, on vit le juge s'associer par ses verdicts à ces réclamations et déclarer non coupables les individus traduits devant lui, non pas parce que les actes d'accusation étaient insuffisamment établis, mais uniquement parce que l'accusé aurait été condamné à une peine qui lui paraissait trop sévère.

Si l'on ne voulait pas laisser impunis un grand nombre de faits graves, si l'on ne voulait pas compromettre par ces acquittements réitérés l'autorité de la loi elle-même, il devenait nécessaire d'accorder quelques satisfactions à ce sentiment public qui se manifestait d'une façon si claire et si impérieuse et d'adoucir par l'application de peines plus modérées le système répressif du Code de 1810.

Nous avons déjà signalé la loi du 25 juin 1824 qui opéra quelques timides réformes dans ce but. Ces modifications étaient insuffisantes, aussi le mouvement d'opinion alla-t-il toujours en grandissant ; bien loin de diminuer, le nombre des verdicts de non-culpabilité continua d'augmenter et dépassa peu à peu le tiers du chiffre total des affaires soumises au jury. Dans la période comprise entre 1825 et 1830, sur 100 accusations déférées au jury, 37 seulement étaient admises entièrement, 31 n'étaient admises qu'avec des modifications et 32 étaient rejetées. En 1831, le nombre des acquittements atteignit 46 0/0.

Le gouvernement de juillet, presque aussitôt après son installation, dut se préoccuper d'une question qui devenait de jour en jour plus grave, et, dès 1831, le garde des sceaux, M. Barthe, déposa un projet de loi modifiant le système répressif du Code pénal. C'est de ce projet que sortit, après une brillante discussion, la loi du 28 avril 1832.

On pensa alors à faire une révision générale et une refonte complète du Code de 1810. Reculant devant l'énormité du travail, on se proposa seulement, suivant l'expression employée dans les motifs de la loi, de « pourvoir au plus pressé ». Le gouvernement, disait M. Barthe, a voulu rendre la répression moins rigoureuse, mais plus égale et plus assurée et racheter, par un peu d'indulgence, des chances trop nombreuses d'impunité... Montesquieu n'avait-il pas écrit : Il ne faut point mener les hommes par les voies extrêmes, on doit être ménager des moyens que la nature nous a donnés pour les conduire. Qu'on examine la cause de tous les relâchements, on verra qu'elle vient de l'impunité des crimes et non de la modération des peines.

Les réformes de 1832 s'étendirent à 162 articles de notre Code pénal.

1° Certaines peines furent supprimées : la confiscation, la marque, le carcan, la mutilation du poing qui accompagnait l'exécution de la peine de mort pour parricide. On créa la détention dont l'article 20 fixe la durée et le mode d'exécution.

2° On aggrava d'autres peines : la peine des travaux forcés à temps est portée à son maximum pour le crime de viol prévu par l'article 332, § 2 ; la peine de l'emprisonnement devient celle de la réclusion pour les cas d'abus de confiance prévus par l'article 408, § 2 ; la peine d'emprisonnement est ajoutée à la dégradation civique prévue par l'article 35.

3° La loi de 1832 a supprimé certaines infractions : ainsi disparaissent de notre législation pénale les articles 103, 104, 105, 106 et 107, relatifs au crime de non-révélation de complots formés contre la sûreté extérieure ou intérieure de l'État. L'article 259, concernant le délit d'usurpation de titre, qui sera plus tard rétabli avec un changement de pénalité. Inversement, des faits jusqu'alors non punis sont devenus punissables : cas prévus par les articles 317 et 318 ; article 86 ; article 184, § 2 ; article 471, n° 15. L'article 51 abandonne au pouvoir discrétionnaire du juge la détermination des dommages-intérêts dus à la partie lésée par un crime ou par un délit.

4° La réforme fondamentale de la loi de 1832 fut l'adoucissement des peines. La peine de certains crimes ou délits fut abaissée ; la peine de mort est remplacée par la peine des travaux forcés à perpétuité pour les crimes de fausse-monnaie, de contrefaçon, de violences envers certaines personnes, de vol, d'incendie, de complicité par recel prévus aux articles 132, § 1er, 139, 231, 244, 381, 434, 435 et 63.

Quelques autres peines criminelles sont converties en peines criminelles d'un moindre degré : la peine des travaux forcés à perpétuité est réduite à celle des travaux forcés à temps pour le vol prévu par l'article 383, § 2, etc.

Enfin, d'une manière générale, la peine de tous les crimes et délits prévus par le Code pénal peut être réduite par suite de la faculté qui est laissée aux juges d'accorder les circonstances atténuantes au condamné : l'article 463 leur accorde ce pouvoir sans aucune distinction ni condition pour tous les crimes et pour tous les délits prévus par le Code pénal, et l'article 483 pour les contraventions énumérées dans les articles 471 et suivants.

On rencontre les premières traces du système des circonstances atténuantes dans quelques lois antérieures au Code de 1810. Une loi du deuxième jour complémentaire de l'an III autorisait les tribunaux militaires à commuer et diminuer les peines, suivant que les cas et les circonstances en auraient atténué la gravité (art. 20). Une loi du 27 germinal, an IV, qui réprimait certains attentats à la sûreté publique et individuelle, article 8 : « La peine de mort sera commuée en celle de la déportation si le jury déclare qu'il y a, dans le délit, des circonstances atténuantes. » La loi du 28 germinal, an IV, sur les délits de presse, contenait dans son article 9 une disposition qui accordait au jury la constatation des circonstances atténuantes pour un abaissement de peine. Dans le Code de 1810, elles ne s'appliquaient qu'aux matières soumises à la juridiction correctionnelle, et si le préjudice causé par le délit ne dépassait pas 25 francs ; on ne pouvait les accorder ni pour les crimes, ni pour les contraventions.

Le système des circonstances atténuantes fut un moyen rapide et ingénieux de supprimer la sévérité exagérée du Code de 1810 ; on voulut en faire un moyen « de rectifier, par l'appréciation circonstanciée de la conscience, l'appréciation générale de la loi » (1). Il fallait, à tout prix et le plus rapidement possible, mettre un terme au nombre toujours croissant des acquittements. Le législateur de 1832 s'adressa au juge ; c'était faire là une importante abdication de ses pouvoirs, il semblait se désintéresser du minimum de la peine fixé par lui avec tant de soins vingt ans auparavant ; c'était l'arbitraire, presque absolu, dans l'atténuation des peines et mettre la défense sociale entre les mains des magistrats.

Le législateur de 1810 s'était cependant rendu compte qu'il fallait, dans certains cas, atténuer la peine, il avait énuméré un certain nombre de causes légales d'atténuation, c'étaient les excuses. Mais ce système d'atté-

(1) Dumont, rapporteur à la Chambre.

nuation légale était forcément imparfait : d'abord incomplet, il était impossible au législateur de tout prévoir, chaque jour pourrait se présenter une hypothèse qu'il aurait oubliée, et puis il ne pouvait penser suivre les variétés infinies de circonstances, objectives et subjectives, qui accompagneraient un délit déterminé ou qui caractériseraient le délinquant, le législateur ne pouvait pas espérer « individualiser la peine ». Il y avait du reste un résultat d'expérience, présent à la mémoire de tous, le système des peines fixes des Codes de 1791 : tout le monde avait compris qu'il y avait là une impossibilité pour le législateur, la peine fixe était injuste : elle ne répondait pas le plus souvent à l'intention du juge et à la culpabilité réelle de l'accusé. Une pénalité parfaite doit suivre fidèlement l'évolution des mœurs de la nation qui l'a édictée, sinon elle sera quelquefois inutile et toujours mal appliquée, le juge préférant laisser un délit non réprimé que de lui appliquer une sanction réprouvée par sa conscience. Une loi pénale n'arrive à son but que si elle se montre apte à combattre efficacement le crime : pour assurer une répression ferme, il faut la proportionner aux besoins et aux tendances de l'époque où elle sera appliquée. Or, depuis 1810, les mœurs s'étaient progressivement adoucies, la peine légale, immuable comme le texte qui la prononçait, effrayait les juges et restait trop souvent lettre morte ; personne ne veut d'un châtiment exagéré et alors c'est l'impunité complète du coupable.

Le système répressif était donc à reprendre tout entier, il fallait satisfaire les réclamations et les exigences de l'opinion, l'abus des acquittements pouvant devenir fort dangereux pour le respect que tout citoyen doit avoir de la loi et des prescriptions qu'elle commande.

Les circonstances atténuantes, indéfinies et illimitées, abandonnées à l'appréciation du juge, avaient ce précieux avantage de permettre de régler les peines sur les desiderata de chaque époque. Le juge pouvait alors appliquer un châtiment beaucoup plus modéré si sa conscience le lui commandait, il ne se trouvait plus en contradiction avec lui-même, comme lorsqu'il prononçait une peine obligatoire, mais trop sévère.

La latitude que le législateur de 1810 avait laissée au juge pour proportionner la peine à la culpabilité du délinquant qu'il punissait était insuffisante ; dans beaucoup de cas les faits eux-mêmes lui commandaient de se tenir au-dessous du minimum légal. M. Dumon, rapporteur à la Chambre, disait : « Quelque habileté que le législateur ait apportée dans la graduation des diverses espèces de crimes, il est impossible de ne pas avouer que les circonstances déterminées qui servent de base à cette graduation, n'ont pas toujours, dans le fait, l'importance qu'elles avaient dans la prévision du législateur... Combien se manifeste surtout l'imperfection du système, quand il s'agit de peines qui ne comportent pas de modération, comme la mort ou les peines perpétuelles ! »

Une réforme dans le sens de l'atténuation des peines s'imposait au législateur; confiant dans leur indulgence, il s'adressa aux juges. « Arbitrer et proportionner la peine, disait M. Barthe, est une opération délicate et difficile, qui exige une suite d'observations et de comparaisons qu'il appartient au magistrat permanent de faire... L'inflexibilité dans la fixation de la peine enferme, dans des catégories trop étroites, des faits qui ne se ressemblent que par le nom et diffèrent par leur essence. La conscience se révolte contre ces assimilations, le jury s'habitue à faire peu de cas de sa propre sincérité, il se réfugie dans les fictions, c'est-à-dire dans les mensonges, il se parjure de peur d'être cruel (1). »

Les résultats pratiques vinrent promptement confirmer le but du système, ce fut la diminution du nombre des acquittements, de 46 0/0 en 1831, leur nombre était tombé à 33 0/0 en 1840; la législation nouvelle était donc préférable à l'ancienne, l'opinion publique s'était chargée bien vite de le démontrer; avant la loi de 1832, les déclaration du jury, lors même qu'elles déclaraient l'accusé coupable, n'étaient pas sincères : il mutilait les accusations, écartait les circonstances aggravantes et bouleversait la qualification des faits incriminés; depuis la loi de 1832, les jurés n'ont plus eu besoin de faire des déclarations mensongères pour mettre la peine en rapport avec le délit, le pouvoir

(1) *Moniteur* du 1er septembre 1831.

d'atténuation dont la loi les a investis leur a suffi, leurs verdicts sont devenus sincères et ils ont affirmé tous les faits que l'accusation prouvait ; sauf, depuis quelques années, en ce qui concerne les crimes dits passionnels. Ces observations montrent que la législation a cessé d'être en opposition avec les mœurs et l'opinion publiques : le système des circonstances atténuantes a produit des condamnations plus nombreuses, une application plus ferme des peines, une appréciation plus consciencieuse et plus vraie des faits incriminés.

Nous avons examiné à quels besoins répondait le système des circonstances atténuantes, exposons maintenant son fonctionnement pour le juger ensuite en connaissance de cause.

Nous définirons les circonstances atténuantes : un moyen donné au juge pour abaisser la peine au-dessous de son minimum légal et lui permettre de mieux proportionner le châtiment à la culpabilité du délinquant. Elles peuvent être accordées en toute matière, quand il s'agit d'infractions prévues par le Code pénal. Quant aux lois spéciales postérieures, il faut distinguer : l'article 463 s'applique toujours aux peines criminelles (art. 341, Code instr. criminelle) ; mais en matière correctionnelle ou de simple police les articles 483 et 463 ne s'appliqueront qu'aux délits et contraventions prévus par le Code pénal. Le législateur de 1832 voulait seulement corriger une législation ancienne et imparfaite, il ne pouvait pas penser modifier d'avance les dispositions d'une loi pénale postérieure. Les lois spéciales postérieures devront donc mentionner expressément que l'article 463 sera applicable aux délits qu'elles auront prévus : c'est ainsi que le Conseil de guerre, appliquant un texte des Codes militaires à un militaire, ne pourra pas accorder de circonstances atténuantes, à moins qu'il ne s'agisse de faits limitativement énumérés, qui ne touchent pas essentiellement à la discipline militaire, et sauf la modification apportée par la loi du 15 juillet 1889, articles 52 et 79, n° 8.

Les circonstances aggravantes et les excuses sont légales, limitativement déterminées, au contraire, les circonstances atténuantes sont indéfinies et illimitées, les juges peuvent trouver des circonstances atténuantes dans toutes sortes de considérations : circonstances particulières dans lesquelles le crime a été commis, le repentir du coupable, sa mauvaise éducation, etc..., bien plus, le juge et le jury jouent parfois le rôle du législateur, ils peuvent accorder des circonstances atténuantes alors même qu'elles n'existent pas et par cela seul que la peine légale encourue leur paraît excessive, il suffit d'ajouter dans les motifs du jugement correctionnel : attendu qu'il y a des circonstances atténuantes. Elles contiennent, selon l'expression de M. Dumon, rapporteur à la Chambre, « un adoucissement éventuel il est vrai, mais complet du Code pénal » (1).

(1) *Moniteur*, 12 novembre 1831.

Les codes étrangers qui nous ont emprunté le système des circonstances atténuantes se sont bien gardés de suivre le législateur de 1832 dans la voie où il s'était engagé. Tous admettent comme point de départ de leur système que la peine établie par la loi est la peine la plus juste : ils ne concèdent pas aux juges le droit de critiquer l'appréciation légale au moyen d'une déclaration de circonstances atténuantes, ils leur donnent simplement le droit, en se préoccupant des circonstances du fait, que la loi n'a pu prévoir, de réduire la peine dans une mesure plus ou moins large.

La législation des Pays-Bas s'étant aperçue que le juge se préoccupait assez peu de savoir s'il y avait ou non de véritables circonstances atténuantes et que le plus souvent son véritable but était d'atténuer la peine légale, pensa qu'il était bien inutile d'employer un semblable détour ; elle décida que toutes les peines seraient seulement fixées par leur maximum ; tel fait sera puni de 5, 10, 15 ans de prison au maximum ; le juge peut descendre aussi bas qu'il le veut.

En attribuant ainsi aux juges le pouvoir d'apprécier la loi avant de l'appliquer et de la réformer suivant leur intime conviction, c'était porter une grave atteinte au pouvoir et aux prérogatives du législateur. N'est-ce pas à lui seul qu'il devrait appartenir de modifier la loi et n'est-il pas dangereux d'accorder cette faculté à ceux-là même qui sont chargés de l'appliquer ?

Cette objection ne manqua pas d'être soulevée à la

commission de la Chambre des pairs : « Le législateur, disait M. Bastard, ne peut méconnaître la puissance des faits, des mœurs et même des préjugés qu'il doit combattre, sans doute en éclairant l'opinion publique, mais sans la heurter trop fortement. » Les circonstances atténuantes apparurent comme un moyen rapide de parer à la sévérité des peines, de satisfaire l'opinion publique et de résoudre, dans la pratique, les plus fortes objections contre la peine de mort, contre la théorie de la récidive, de la complicité et de la tentative : qu'importe que la complicité ne puisse toujours être équitablement assimilée au crime principal si l'admission des circonstances atténuantes rétablit les différences que l'assimilation générale du complice à l'auteur du crime a négligées ? Le temps manquait pour réviser un à un tous les articles du Code pénal, on se contenta d'une disposition générale sans trop discuter sur les principes.

Certaines législations étrangères ont décidé que le législateur devait énumérer limitativement les circonstances atténuantes ; le législateur français a adopté le système opposé, toute énumération eut été incomplète ; il n'existe pas de criterium absolu auquel on puisse mesurer la culpabilité de chaque délinquant, c'est une appréciation essentiellement relative et variable avec chaque espèce. Les tribunaux devront juger une situation qu'il est impossible au législateur de prévoir à l'avance, il y aura là une série de faits complexes qu'eux seuls seront à même de bien comprendre pour les punir d'une façon équitable. « Les circonstances atténuantes (1) ne sont pas des accessoires du fait principal, elles sont une partie essentielle de ce fait lui-même et elles déterminent son plus ou moins haut degré d'immoralité. Comment détacher du fait principal ces circonstances, comment les préciser dans leur variabilité? N'est-il pas mille circonstances qui, atténuantes dans beaucoup de cas, seront aggravantes pour d'autres? Les différences d'âge, de sexe, de fortune, les passions, les intérêts, les habitudes, de font-elles pas présumer tantôt une perversité plus profonde, tantôt de justes droits à la pitié? »

L'article 463 permet aux magistrats de proportionner la peine à la criminalité personnelle de celui qu'il s'agit de punir. Il débarrasse la peine de sa raideur, la rend plus souple et plus divisible entre les mains du juge, en lui permettant de tenir compte de la complexité des faits, de toutes les nuances de la culpabilité, que le législateur n'a pu prévoir. L'article qui fixe la peine de l'infraction est la garantie de la défense sociale, l'article 463 est la garantie et la protection de l'intérêt individuel du condamné.

En droit français, si l'on excepte les excuses, l'atténuation des peines est judiciaire, quelquefois administrative. Ce sont les juridictions de jugement qui accor-

(1) Exposé des motifs.

dent les circonstances atténuantes : en Cour d'assises, ce sont les jurés qui décident si, à la majorité, il y a des circonstances atténuantes en faveur de l'accusé ; si la Cour d'assises a des délits à juger, c'est la Cour qui statue sur les circonstances atténuantes, à moins qu'il ne s'agisse de délits de presse.

Quels seront les effets de l'admission des circonstances atténuantes en faveur du délinquant ? Elles modifient la nature et la durée de la peine, sans changer la nature de l'infraction, et sans permettre de passer d'une peine ordinaire à une peine politique, et réciproquement ; le résultat dépendra de la peine qui serait applicable, s'il n'y avait pas eu de circonstances atténuantes :

1° La peine aurait été une peine criminelle afflictive et infamante, si le jury accorde des circonstances atténuantes, la Cour qui est chargée de prononcer la peine, doit l'abaisser de un degré et peut encore l'abaisser d'un autre degré, sauf quelques cas exceptionnels où l'on ne pourra abaisser que de un degré : lorsque la peine du crime est la déportation dans une enceinte fortifiée, et qu'il s'agit des crimes politiques, prévus aux articles 96 et 97 du Code pénal, quand la loi dit que la peine devra être prononcée à son maximum, le premier degré d'atténuation est le minimum, et le second degré est la peine inférieure. Si la peine édictée est une peine criminelle, et qu'en abaissant de un ou deux degrés on tombe dans les peines correctionnelles, la durée de cet emprisonnement qui va remplacer une peine criminelle, ne peut pas descendre au-dessous de deux ans : si le crime était puni par la loi de la détention ou du bannissement, l'emprisonnement aura au moins une durée de un an ;

2° La peine aurait été une peine correctionnelle, le juge à un pouvoir illimité d'atténuation. Les deux peines correctionnelles principales, sont l'emprisonnement et l'amende : le tribunal correctionnel, en accordant les circonstances atténuantes, peut réduire l'emprisonnement à un jour, et l'amende à 1 franc, et substituer l'amende à l'emprisonnement. Quand la peine est l'emprisonnement et l'amende, le juge peut ne prononcer que l'amende et même l'abaisser à 1 franc ; dans ce dernier cas, le maximum de l'amende serait de 3,000 fr., d'après une loi de 1888 ;

3° Peines de simple police, le juge peut toujours abaisser la peine jusqu'à un jour de prison ou 1 franc d'amende comme pour les délits.

Quel sera l'effet des circonstances atténuantes vis-à-vis des peines accessoires ou complémentaires ? La peine accessoire s'attachant de plein droit à la peine principale n'a pas à être prononcée : si le juge remplace les travaux forcés à temps par la réclusion, ce sera la peine accessoire de la réclusion qui s'appliquera. S'agit-il d'une peine complémentaire facultative, pas de difficultés. Quant aux peines complémentaires obligatoires, si l'on se trouve en matière correctionnelle, on admet que le juge pouvant remplacer la peine correctionnelle par une peine de simple police, peut aussi se dispenser de prononcer la peine complémentaire obligatoire : il y a toutefois des peines complémentaires obligatoires, comme la confiscation, que le juge ne peut pas se dispenser de prononcer.

Comment devons-nous apprécier la réforme de 1832 ? Le système des circonstances atténuantes fut une innovation nécessaire et heureuse. Son premier résultat fut la diminution du nombre des acquittements. De nos jours, le nombre des acquittements remonte un peu ; alors qu'il était de 21 0/0 en 1880, il est de 30 0/0 en 1893, de 31 0/0 en 1894. « C'est là une amélioration évidente (1), elle démontre que la justice est rentrée dans la voie de l'ordre et de la vérité, que la législation a cessé d'être en opposition avec les mœurs publiques. »

Il faut cependant reconnaître que les juges usent bien souvent de la faculté, que le législateur leur accorde, d'atténuer la peine par une déclaration de circonstances atténuantes. Les statistiques démontrent même que cette admission des circonstances atténuantes va toujours croissant d'année en année : en 1833, le jury les accordait 45 fois sur 100, de nos jours, la proportion est montée à 70 0/0. Les tribunaux correctionnels, qui passent pour appliquer la loi avec plus

(1) M. Faustin Hélie, *Revue de législ. et de jurisprud.*

de justesse et de sévérité, ne se sont pas fait faute d'en user très largement. L'emploi trop fréquent de ce procédé amena l'augmentation de la récidive ; l'aggravation de peine édictée par les articles 57 et 58 est mitigée par une déclaration de circonstances atténuantes : en 1888, 98 0/0 des individus poursuivis pour vol, en état de récidive, obtinrent cette faveur de l'indulgence des tribunaux.

Quoi qu'il en soit, il faut reconnaître que grâce aux circonstances atténuantes, la répression des crimes et des délits a été plus complète, car elle a atteint un plus grand nombre de coupables ; elle a été plus juste et mieux réglée, car le rapport entre le délit et la peine a pu être établi avec plus de soin.

Nous avons vu qu'au moyen des circonstances atténuantes, il n'y a plus de peines fixes comme dans le Code de 1810, la peine de mort et des travaux forcés à perpétuité peuvent être abaissées de deux degrés ; les autres peines criminelles peuvent être abaissées jusqu'à deux ans de prison, ou même à un an dans certains cas ; en matière correctionnelle et de simple police, il n'y a plus de minimum, le juge pouvant se contenter de prononcer un franc d'amende. Dans l'espace de quarante ans, le rôle du juge dans la fixation de la peine s'était considérablement augmenté aux dépens de celui du législateur : nul en 1791, restreint encore dans le système du Code de 1810, il était devenu prépondérant quand il s'agira d'atténuer avec la loi du 28 avril 1832.

Les lois spéciales, postérieures à celle de 1832, se divisent, au point de vue des circonstances atténuantes, en trois groupes : 1° les unes gardent le silence à ce sujet, le bénéfice des circonstances atténuantes ne peut pas être accordé ; 2° les autres, et ce sont les plus nombreuses, déclarent formellement que l'article 463 est applicable « aux délits prévus par la présente loi » : 3° enfin, les dernières, par une précaution superflue, excluent l'application des circonstances atténuantes : article 20, loi du 3 mai 1844 sur la police de la chasse ; l'article 203 du Code forestier.

Législations étrangères.

En droit français, les circonstances atténuantes sont indéfinies et illimitées ; certaines législations étrangères qui admettent les circonstances atténuantes, ont pris soin de les énumérer limitativement.

Dans le projet de Code pénal suisse proposé par M. Stoss, notre système de circonstances atténuantes n'est pas admis (1). L'article 463 du Code pénal, qui est, dit-on, justifié en France par la trop grande sévérité des peines de 1810, serait inadmissible dans une législation récente, où le législateur n'a pas manqué de mesurer les peines avec moins de rigueur. Le projet admet pourtant des causes d'atténuation, mais il a soin

(1) M. Garçon, *Rev. pénitentiaire*, 1894.

de les énumérer avec précision, ce sont moins des circonstances atténuantes que des excuses légales. Les effets de l'atténuation sont fixés par l'article 38 : « Le tribunal prononce la réclusion à temps au lieu de la réclusion à vie, la réclusion de un à cinq ans au lieu de la réclusion de cinq ans à quinze ans, etc... »

Le Code pénal espagnol (chapitre 3, article 9), après une énumération qui paraît limitative, ajoute, comme devant amener une atténuation : « Toute autre circonstance de même valeur et analogue aux circonstances précédentes. » Ce dernier paragraphe, en dépouillant l'énumération de son caractère limitatif, montre que le législateur espagnol a reconnu qu'il était impossible de restreindre dans des classes limitatives les considérations de toute nature qui peuvent motiver une atténuation de peine.

La législation autrichienne présente au point de vue des circonstances atténuantes les caractères suivants : 1° Détermination des circonstances atténuantes par le législateur ; 2° Pouvoirs restreints du magistrat dans la modification et dans l'atténuation des peines.

La législation anglaise n'a pas organisé un système de circonstances atténuantes, mais elle garantit cependant l'accusé et la société contre l'application d'une peine disproportionnée. Elle donne le droit au jury : de modifier l'incrimination portée contre l'accusé, en le déclarant coupable d'un crime moindre et en prononçant en même temps un verdict de non culpabilité à raison du crime plus grave, elle lui permet en outre de recommander l'accusé à la clémence du juge. De plus le législateur reconnait aux magistrats un large pouvoir d'atténuation dans l'application de la peine.

Le système des circonstances atténuantes existe en Belgique et dans le grand duché de Luxembourg, diffèrent du nôtre par quelques règles de procédure.

En Allemagne, le Code pénal reconnait des circonstances atténuantes indéterminées, mais elles ne s'appliquent pas invariablement à tous les crimes et à tous les délits. Le Code spécifie les cas dans lesquels elles peuvent être déclarées et il précise, pour chacun de ces cas, leurs conséquences légales. Ce système s'explique par ce fait que le minimum des peines est maintenu dans des limites assez peu élevées pour rendre l'admission générale des circonstances atténuantes dangereuse au point de vue d'une répression efficace. Par une particularité, qu'explique seule la volonté de conserver toute son action au droit de grâce du souverain, elle ne s'appliquent pas au crime le plus grave, l'assassinat.

D'après l'article 59 du Code pénal italien : « Indépendamment des diminutions de peine expressément édictées par la loi, s'il existe des circonstances atténuantes en faveur du coupable, à l'ergastolo est substituée la réclusion pendant trente ans, et les autres peines sont diminuées d'un sixième. »

En Hongrie, le magistrat reçoit de la loi, dans l'application des circonstances atténuantes, un pouvoir illimité, du moins en ce qui concerne les peines temporaires. Ainsi il peut, pour un crime puni de la maison de force, remplacer la maison de force par la réclusion, la réclusion par l'emprisonnement et l'emprisonnement par l'amende, en descendant jusqu'au minimum pour chacune de ses peines (Code pénal hongrois de 1878, article 92). Pour les crimes les plus graves que la loi frappe de peines perpétuelles, ce pouvoir d'atténuation est restreint, la peine de mort ne peut être remplacée par une peine inférieure à 15 ans de maison de force, ni la maison de force à perpétuité par moins de 10 ans de la même peine.

La Turquie est le seul pays en Europe où les circonstances atténuantes soient inconnues.

Le Code pénal hollandais n'a pas craint de laisser un pouvoir arbitraire au juge dans l'atténuation des peines qui ne sont fixées que par leur maximum.

CHAPITRE IV

LA LOI DU 13 MAI 1863 ET LE DÉCRET DU 27 NOVEMBRE 1870

La révision de 1863, après avoir modifié un certain nombre d'articles du Code pénal, vint restreindre, en matière correctionnelle, la faculté illimitée de réduire la peine au moyen d'une déclaration de circonstances atténuantes. On s'était aperçu que l'abaissement exagéré de la pénalité amenait une augmentation sans cesse croissante de la récidive. L'article 463 du Code pénal, modifié par la loi du 28 avril 1832, permettait d'abaisser l'emprisonnement et l'amende, même en cas de récidive, à un emprisonnement ou une amende de simple police et permettait, en outre, au juge de ne prononcer que l'une de ces deux peines. En donnant au juge cette faculté d'atténuation, le législateur de 1832 ne s'était pas préoccupé de la durée de l'emprisonnement et du taux de l'amende ; la loi de 1863 crut devoir en tenir compte. On se plaignit alors de la substitution trop fréquente de l'amende à l'emprisonnement dans certains délits de vol, d'escroquerie, etc. ; peut-être eut-il mieux valu laisser ces faits impunis que d'énerver à un tel point la répression ; enfin, les magistrats accordaient trop souvent les circonstances atténuantes aux récidivistes, et cette pratique était en contradiction avec les intentions du législateur, qui avait voulu faire de la récidive une cause d'aggravation des peines.

C'est pourquoi le législateur de 1863 ne maintînt le mode de réduction de la loi de 1832 que pour l'emprisonnement dont le maximum serait inférieur à une année et pour l'amende dont le maximum serait inférieur à 500 francs. Si la peine atteignait au moins une année d'emprisonnement ou 500 francs d'amende, elle ne pouvait pas être réduite au-dessous de l'emprisonnement correctionnel de six jours, ni au-dessous de l'amende correctionnelle de 16 francs ; la réductibilité à des peines de simple police se trouvait écartée.

Les modifications ainsi apportées par la révision de 1863 à l'article 463 n'eurent qu'une durée éphémère, elles furent supprimées par un décret du 27 novembre 1870. « Le gouvernement de la défense nationale, considérant que la loi du 13 mai 1863, dans le but d'aggraver au lieu d'adoucir, suivant le progrès de nos mœurs, notre système pénal, a restreint la liberté accordée aux juges correctionnels par l'article 463 du Code pénal de modifier les peines dans les cas d'admission de circonstances atténuantes, décrète :

« Les trois derniers paragraphes de l'article 463 du

Code pénal sont abrogés et remplacés par les dispositions suivantes :

« Dans tous les cas où la peine de l'emprisonnement et celle de l'amende sont prononcées par le Code pénal, si les circonstances paraissent atténuantes, les tribunaux correctionnels sont autorisés, même en cas de récidive, à réduire l'emprisonnement même au-dessous de six jours et l'amende même au-dessous de 16 francs; ils pourront aussi prononcer séparément l'une ou l'autre de ces peines et même substituer l'amende à l'emprisonnement, sans qu'en aucun cas elle puisse être au-dessous des peines de simple police. »

Les juges correctionnels pourront donc de nouveau réduire l'emprisonnement correctionnel à vingt-quatre heures et l'amende à 1 franc, ou même ne prononcer que l'un de ces deux minimum, comme sous l'empire de la loi de 1832.

CHAPITRE V

LA RELÉGATION

—

La loi du 27 mai 1885 est remarquable par ce fait, qu'en droit, aucune latitude d'appréciation n'est laissée au juge, la relégation est une peine complémentaire obligatoire, le juge est contraint de la prononcer si le récidiviste remplit les conditions exigées par la loi ; l'article 4 débute par ces mots : « Seront relégués, etc... »

Ce n'est pas sans discussion que cette disposition de la loi de 1885 fut votée : dans les Chambres, un grand nombre d'orateurs en avaient vivement combattu la rigueur. Toutefois les partisans du système adopté obtinrent le triomphe de leurs idées en faisant remarquer que toute la valeur et l'efficacité de la loi étaient dans le principe de l'application obligatoire et que son but serait manqué si on la laissait facultative. Le législateur montrait par là qu'il se défiait de l'indulgence des magistrats, l'expérience ayant souvent démontré que les peines qui ne sont que facultatives ne sont presque jamais appliquées, aussi voulait-il à tout prix se mettre en garde contre les velléités de clémence de la jurisprudence.

La loi de 1885 sur la relégation avait pour but d'entraver l'augmentation sans cesse croissante du nombre des récidivistes ; dans son rapport au Sénat, M. de Verninac signalait le danger d'un pareil état de choses : « De tous les rangs de la société, sans distinction, disait-il, il s'est élevé un cri de frayeur et d'indignation. » La criminalité augmentait chaque année et l'élément principal de cette augmentation n'était que le nombre toujours plus grand des récidivistes ; les statistiques démontraient que 70 0/0 des individus déjà condamnés récidivaient ; il importait donc de parer au plus vite à un danger aussi menaçant.

L'abus des courtes peines d'emprisonnement est l'un des éléments principaux de l'augmentation de la criminalité et en particulier de la récidive ; l'aggravation de peine résultant des articles 57 et 58 reste le plus souvent inappliquée, l'article 463 apparaît toujours pour en paralyser les effets. Les courtes peines n'ont aucun effet salutaire à l'égard des récidivistes, ce sont des incorrigibles, des habitués de la prison qui ne s'amenderont et ne se reclasseront jamais, il importait donc de s'en débarrasser : de là la loi sur la relégation qui est une peine d'élimination pour les récidivistes d'habitude.

Le législateur devait-il laisser au juge le soin de mettre ses décisions à exécution ? Il ne l'a point pensé, redoutant l'indulgence que les magistrats avaient jusqu'alors montrée à l'égard des récidivistes, il n'a laissé au juge aucune faculté d'appréciation pour diminuer la peine de la relégation qui est perpétuelle, ni d'en dispenser le récidiviste au moyen d'une déclaration de circonstances atténuantes ; il n'a subordonné la relégation qu'à un calcul des condamnations antérieures : « Seront relégués les récidivistes qui, dans quelque ordre que ce soit et dans un intervalle de dix ans, non compris la durée de toute peine subie, auront encouru : deux condamnations aux travaux forcés ou à la réclusion ; trois condamnations, une des condamnations énumérées au paragraphe précédent (travaux forcés ou réclusion), et deux condamnations, soit à l'emprisonnement pour faits qualifiés crimes, soit à plus de trois mois d'emprisonnement pour les délits spécifiés suivants : vol, escroquerie, abus de confiance, outrage public à la pudeur, excitation habituelle des mineurs à la débauche, vagabondage ou mendicité ; quatre condamnations, soit à l'emprisonnement pour faits qualifiés crimes, soit à plus de trois mois d'emprisonnement pour les délits spécifiés au paragraphe ci-dessus ; sept condamnations dont deux au moins prévues par les paragraphes précédents, et les autres soit pour vagabondage, soit pour infraction à l'interdiction de résidence, à la condition que deux de ces autres condamnations soient à plus de trois mois d'emprisonnement. »

Les tribunaux n'ont qu'à constater que le condamné

rentre bien dans un des cas ou le législateur a ordonné la relégation.

Il est peut-être téméraire de la part du législateur d'imposer au juge l'obligation de condamner sans lui laisser aucune faculté d'appréciation ; il risque ainsi de contrarier la conscience du juge qui trouvera souvent la relégation trop rigoureuse. Aussi voyons-nous les tribunaux employer fréquemment le moyen légal qui leur est donné de tourner la loi ; ils condamnent, à moins de trois mois de prison, l'individu qui n'avait plus qu'une condamnation de cette durée à subir pour entraîner sa relégation, c'était donner un nouvel essor à l'abus des courtes peines contre les délinquants d'habitude.

La loi du 27 mai 1885 a fait entrer pour la première fois dans notre droit pénal français cette distinction fondamentale, mise en lumière par la science moderne, entre les délinquants d'occasion et les délinquants d'habitude. Mais en partant de cette idée juste, qu'arrivée à un certain degré, la criminalité des récidivistes affecte le caractère d'une maladie inguérissable, il restait au législateur un double problème à résoudre : 1° Tracer une ligne de démarcation précise entre les délinquants d'occasion, vis-à-vis desquels les pénalités ordinaires sont suffisantes, et les délinquants d'habitude, véritable danger social, qui ne se reclasseront jamais et qui se sont montrés réfractaires aux pénalités jusqu'alors organisées. 2° Organiser les mesures propres à paralyser l'accroissement de la récidive et appropriées à cette dangereuse catégorie de délinquants.

Celui qui a subi : deux, trois, quatre ou bien sept condamnations, suivant les cas, est présumé incorrigible par le législateur et c'est là un critérium d'incorrigibilité devant lequel le juge est obligé de s'incliner. Pour l'établir, le législateur a tenu compte, à la fois : du nombre des condamnations antérieures, du délai dans lequel elles ont été prononcées, de la gravité des peines encourues et de la nature de l'infraction ; ce sont là les éléments qui ont été combinés dans l'article 4, une fois réunis, la relégation apparaît comme une mesure obligatoire. Il ne faut plus compter appliquer à cette catégorie des délinquants une des peines qu'ils ont déjà subie ou une peine de même nature mais plus forte, c'est un déchet social dont il faut débarrasser la métropole.

Cette élimination obligatoire et tarifée par l'article 4 ne devait pas être une peine proprement dite dans la pensée première des rédacteurs de la loi de 1885 ; le régime de la relégation devait être un état de liberté hors de France, surveillé et soumis à quelques réglementations ; il était donc logique dans ce système de faire subir au condamné, avant son départ pour les colonies, la peine qu'il aurait encourue pour l'infraction qu'il avait commise. Mais pendant la discussion du projet, on changea d'avis sur le sort du récidiviste aux colonies ; on s'inquiéta, à juste titre, des moyens d'existence de ces professionnels du crime et du délit. De là est venue la distinction admise en définitive : ceux des relégués qui auront des moyens d'existence seront libres : les autres, l'État les nourrira, mais en compensation il exigera d'eux un travail obligatoire ; le classement est fait par des commissions administratives.

La relégation fut ainsi plus qu'une mesure de police et de sûreté, elle devint une peine rigoureuse, comparable à celle des travaux forcés, sanctionnant « une suite d'infractions démontrant l'incorrigibilité » (1) Elle présente un caractère particulier dans notre système répressif : c'est une peine particulière et non classée, il est impossible de la faire rentrer dans aucune des catégories énumérées dans l'article 1er du Code pénal : peines criminelles, correctionnelles et de simple police.

La relégation est une peine fixe, c'est en outre une peine perpétuelle, sauf le droit qui est donné au relégué de demander aux tribunaux, à partir de la sixième année de sa peine, de le relever de la relégation. C'est enfin une peine obligatoire pour le juge, l'administration seule peut dispenser conditionnellement le condamné de la relégation en le libérant avant l'expiration de la peine qui avait entraîné cette relégation.

Les caractères de cette peine éliminatoire, obligatoire et fixe, ont soulevé les plus vives objections. C'est au juge, dit-on, de choisir les criminels qui devront être relégués, la présomption légale d'incorrigibilité sera

(1) M. Saleilles, *Individualisation de la peine*.

souvent fausse, car le législateur ne peut trouver que dans les caractères des délits commis l'indication que l'on cherche sur la nature du criminel et cette base d'appréciation légale est tout à fait insuffisante.

Tout en reconnaissant la justesse de ces critiques, nous voyons dans la loi sur la relégation, une protestation nécessaire du législateur contre l'indulgence dangereuse des tribunaux à l'égard des récidivistes endurcis. Protestation qui menacera souvent d'être inutile à une époque toute portée à l'indulgence, même pour les plus grands crimes : *Quid leges sine moribus*. La jurisprudence a su montrer que la maxime n'avait pas vieilli.

Dans le projet de réforme du Code pénal, les principes sont modifiés, l'article 63 dit : « En cas de circonstances atténuantes, le juge pourra dispenser, pour la première fois seulement, le condamné de la relégation. »

CHAPITRE VI

LA LIBÉRATION CONDITIONNELLE. — LOI DU 14 AOUT 1885

Avec la libération conditionnelle, nous voyons un troisième pouvoir intervenir dans la fixation de la peine, c'est l'administration (1). Il est équitable, disait-on, de remettre en liberté avant l'achèvement de sa peine, le condamné qui a donné des preuves certaines de son amendement : S'il est juste d'aggraver la peine, à raison de l'état de récidive du coupable, c'est-à-dire de sa conduite antérieure, n'est-ce pas un devoir de l'alléger, eu égard à sa conduite postérieure.

Les idées nouvelles sur le but de la peine s'imposaient avec une force sans cesse croissante, beaucoup de criminalistes pensaient que le but unique de la peine était la réforme du coupable et qu'il fallait chercher par tous les moyens possibles à produire cet amendement du condamné. La promesse d'une mise en liberté anticipée serait pour le détenu le meilleur stimulant, c'est

(1) Il faut remarquer toutefois, que depuis longtemps, au moyen du droit de grâce, le chef du pouvoir exécutif avait le droit de modérer ou de remettre la peine prononcée par le juge.

ainsi que la libération conditionnelle fut appliquée aux mineurs délinquants, puis aux transportés, et d'une manière générale, à partir de la loi du 14 août 1885, article 2, § 1er.

« La libération conditionnelle est l'acte par lequel on accorde au condamné, qui a mérité cette récompense par son application au travail et sa bonne conduite, sa mise en liberté anticipée, à charge de continuer à se conduire honnêtement et sous la condition qu'il sera réintégré pour achever de subir sa peine s'il donne de nouveaux sujets de plaintes (1). » La libération conditionnelle est ainsi plus qu'un mode d'exécution des peines. Il y a eu sur ce sujet des discussions juridiques ; c'est une réduction correctionnelle du châtiment appliqué par le juge.

Si l'on part de cette idée que la peine, tout en restant la sanction du délit commis, doit produire l'amendement du condamné, il est logique de décider que la peine devra cesser une fois ce résultat acquis. Mais, qui aura le pouvoir d'en suspendre l'exécution, et qui jugera de cet amendement ? Le législateur de 1885 a confié ce soin à l'administration pénitentiaire sous certaines réserserves, notamment : il faut que le condamné ait subi une certaine partie de sa peine déterminée par l'article 2, § 1er.

Dans le système français, il n'y a jamais pour le

(1) Rapport de M. Bérenger, du 23 décembre 1883.

condamné un droit à être libéré d'une façon indiscutée. Sans doute, on pourra exiger qu'il ait obtenu un certain nombre de marques, mais alors qu'il les aurait obtenues, la libération conditionnelle n'est pas un droit pour lui, il faut apprécier s'il la mérite. Elle apparaît ainsi au condamné comme une faveur qu'il aura dû gagner par sa bonne conduite, et en outre obtenir de l'administion. Ce sont les agents du service pénitentiaire qui rédigeront les notes et donneront leur avis d'où dépendra l'élargissement ou le maintien du détenu.

L'administration qui peut dispenser le condamné d'une partie de l'exécution de sa peine, a aussi le pouvoir de faire retourner en prison l'individu qui a abusé de la faveur qu'on lui avait accordée ; mais cette arrestation du libéré peut aussi être faite par l'autorité judiciaire. Il convient d'ajouter, qu'en pratique, cette révocation de la libération conditionnelle est très rare, et que la rareté des révocations nuit par cela même à l'efficacité de cette mesure.

Excellente en principe, la loi sur la libération conditionnelle a soulevé en pratique les plus grandes difficultés. Qui jugera de l'amendement du détenu ? Il faut le plus souvent s'en rapporter à l'avis des gardiens du prisonnier. Comment juger de cet amendement ? Il a pu avoir pendant un certain temps, bien calculé, les allures d'un honnête homme et d'un bon travailleur, mais alors il faut craindre de s'adresser à un hypocrite ; ce qu'on appelle le bon détenu dans les prisons, c'est le récidiviste, l'habitué du lieu où il se trouve ; il connait parfaitement les usages de son ancienne demeure, il se plie facilement à la discipline, c'est souvent lui qui travaille le mieux à l'atelier, il sait qu'il y va de son intérêt bien entendu. Les pires détenus, ceux qui se révolteront de se voir dans un lieu abominable, de se sentir déchus à leurs propres yeux et à ceux du public, il n'y aura pas de miséricorde pour eux ; tandis que le détenu hypocrite qui sait ce qu'il faut faire pour plaire au gardien ou à l'aumônier sera le détenu modèle (1), c'est lui qui sera proposé en première ligne pour la libération conditionnelle.

La mise en liberté provisoire constitue une nouvelle cause d'atténuation des peines, bien différente de celles que nous avons jusqu'ici rencontrées et qui s'en distingue nettement en ce qu'elle n'a pas les mêmes causes et qu'elle est accordée par un pouvoir distinct. C'est sans doute un stimulant énergique pour l'amendement du condamné, mais qui en même temps porte une grave atteinte au pouvoir intimidant de la peine en raison de l'incertitude qui plane toujours sur le mérite de la libération que l'on accorde au condamné.

(1) M. Garçon à son cours.

CHAPITRE VII

LA LOI DU 26 MARS 1891 SUR L'ATTÉNUATION ET L'AGGRAVATION DES PEINES

—

Le juge peut dispenser le délinquant primaire de subir la peine qu'il a normalement encourue : après avoir reconnu que le délit tombe sous le coup de tel article, le juge ajoute qu'il sera sursis à la peine qu'il vient de prononcer. Pour que cette condamnation conditionnelle soit possible, il faut que la peine prononcée par le jugement soit l'emprisonnement ou l'amende, et que l'inculpé n'ait pas subi de condamnation antérieure à la prison pour crime ou délit de droit commun, à moins que cette condamnation n'ait été effacée par l'amnistie, la réhabilitation ou la révision, ces deux conditions doivent être réunies pour que le sursis soit possible, mais alors il est facultatif pour le juge, il ne l'accordera que s'il estime que l'inculpé en est digne ; le législateur lui a laissé une liberté d'action pleine et entière, c'est au juge à en user à propos pour ne pas faire du sursis une prime d'impunité à des malfaiteurs dangereux et provoquer ainsi, sans danger pour eux, leur entrée dans la carrière criminelle s'ils étaient sûrs que, dans cette voie, « le premier pas ne coûterait rien ».

Sans étudier les détails d'application et les modifications successives des projets, examinons le principe de la loi du sursis : le juge prononce une peine dont il lui est possible de suspendre l'exécution, en fait le juge peut dispenser un délinquant de la sanction légale si ce dernier reste cinq ans sans subir de nouvelle condamnation, c'est l'individu beaucoup plus que le fait qui est pris en considération. De toutes les formes d'individualisation (1), c'est la plus extrême ; dans les limites où il admet le sursis, le législateur ne trace aucune règle au juge qui n'a qu'à se laisser guider par son impression personnelle ; il ne s'agit plus seulement ici, comme dans le système des circonstances atténuantes, d'une conversion de peine, mais d'une suppression en fait de la peine elle-même.

C'est le point de vue subjectif introduit de nouveau dans la pénalité, il faut traiter d'une façon spéciale ceux qui commettent une première faute et « qu'une vie jusque là sans reproches, une situation non contestée d'estime publique et un repentir sincèrement exprimé peuvent faire considérer comme occasionnelle et presque accidentelle ». Dans la législation antérieure, le seul moyen d'atténuation était la condamnation à l'amende

(1) M. Saleilles.

de 1 franc ou à l'emprisonnement de un jour : M. Bérenger a eu pour but, tout en conservant à la peine son caractère d'infliction, d'y apporter assez d'atténuation pour éviter les dangers de l'emprisonnement.

Il s'agissait de mettre au plus vite un terme à l'accroissement de la criminalité ; cet accroissement était dû aux récidivistes, aux professionnels du délit ; les statistiques démontraient que les condamnés récidivaient dans une proportion de 75 à 80 0/0 environ ; la récidive des petits délits représentait les quatre cinquièmes du chiffre total des récidives. Ayant trouvé la cause du mal, il fallait l'arrêter dès son origine : empêcher le délinquant primaire de devenir un délinquant d'habitude.

Ce n'est pas le délinquant primaire, en général, qui est dangereux ; il redoute la prison et le déshonneur qu'elle entraîne, c'est au juge à chercher le parti qu'il pourra tirer de cette crainte salutaire. Plus dangereuse par ses conséquences, que terrible en soi, la courte peine d'emprisonnement pervertirait ce délinquant d'occasion, obligé de vivre au milieu de récidivistes dangereux qui se moqueront de ses scrupules, s'il lui en restait encore, et qui se chargeront de parfaire son éducation criminelle ; à sa sortie de prison, ce délinquant ne pourra pas se reclasser, il deviendra un récidiviste à peu près assuré pour l'avenir. Il fallait éviter ce résultat désastreux dans l'intérêt de l'individu et de la société au délinquant primaire, chez qui le juge trouverait des indices de repentir et des chances de relèvement.

En même temps, on voulut intéresser plus directement le délinquant primaire à ne pas récidiver : s'il est digne de cette faveur, le juge lui fait remise de la première peine qu'il a encourue, mais, en le prévenant que, s'il commettait un nouveau délit, il subirait la première peine, et qu'il serait en outre condamné comme récidiviste. Cette menace d'un châtiment grave devenait à son tour une garantie sérieuse de la bonne conduite de l'individu à l'avenir, c'était ajouter une sanction des plus efficaces à l'indulgence accordée s'il y avait plus tard une rechute.

La sécurité sociale, loin d'être affaiblie, ne pourra que gagner à changer une courte peine contre la garantie de cinq années de bonne conduite, suivies sans doute d'un amendement durable ; et d'autre part, le condamné, échappant à l'exécution de la peine, sera soustrait aux dangers de ses conséquences. C'était, a-t-on dit, à bon droit, une loi de bonne « politique criminelle ».

En votant la loi de 1891, on a très peu discuté sur les principes, le législateur a permis de soustraire aux rigueurs de la loi ceux qui comparaîtraient pour la première fois devant eux, et, déléguant ses pouvoirs aux magistrats, il leur a donné le droit de suspendre la loi ou d'en régler l'application (1). Il s'agissait d'accorder

(1) M. Saleilles.

une faveur et il importait de la distribuer ou de la refuser à bon escient, en connaissance de cause ; la nature du délit n'était là qu'une question secondaire et facile à résoudre pour le législateur, l'accord ou le refus du sursis dépendrait du délinquant, c'était lui, plutôt que son action, qui devait mériter l'indulgence des juges ; il fallait le connaître, l'étudier, savoir si la menace judiciaire d'un châtiment vaudrait mieux pour son avenir que l'exécution de la peine qu'il aurait méritée. C'était là le côté subjectif du délit que le législateur ne pouvait résoudre et qu'il a laissé à la libre appréciation du juge.

Le législateur devait-il laisser au juge le pouvoir d'accorder le sursis à l'égard de *toute* peine d'emprisonnement, ou bien devait-il lui imposer des restrictions ? C'est dans ce dernier sens que la question venait d'être résolue en Belgique. En France, au contraire, on pensa que l'esprit de la proposition n'était pas d'établir une distinction entre les fautes graves et les fautes légères, mais traiter d'une façon particulière le délinquant primaire, dont la nature et la moralité sont restées, malgré sa faute, assez intactes pour que la société n'ait rien à redouter de sa liberté.

A cet égard, l'importance du délit peut être sans valeur : une faute, même assez grave, sera commise par le plus honnête homme dans un moment de soudaine surprise. Loin d'entraîner, malgré le désordre momentané qu'elle a causé, un danger pour la société.

elle peut devenir chez les natures droites et honnêtes le point de départ d'une vigilance plus grande sur leur conduite et concourir même à leur amélioration par la sincérité du repentir et la continuité de l'effort. Au contraire un délit, même très léger, peut révéler un état d'immoralité qui ne laisse aucun doute sur la nécessité de l'exécution réelle de la peine.

Pourquoi ne pas laisser au juge, si bien placé pour apprécier ces choses, une entière latitude d'appréciation ? Pourquoi ne pas lui permettre de soustraire le condamné, qui lui semble mériter cette faveur, aux conséquences de l'exécution de la peine, peut-être aussi funeste à la société que pour lui ? La menace suspendue sur la tête de celui qui a bénéficié du sursis n'agira-t-elle pas d'autant plus fortement sur sa conduite à l'avenir que la peine menaçante sera plus forte ?

Les abus seront peut-être à craindre, mais une fois le principe du sursis reconnu nécessaire, il faut en accepter les conséquences. Avec le système opposé qui prétend limiter les pouvoirs du juge, ne sera-t-on pas exposé à voir des abus plus dangereux encore : les magistrats abaisseront la peine au moyen des circonstances atténuantes pour appliquer le sursis aux délinquants qui lui sembleront mériter cette faveur ? Mieux vaut donc encore leur en donner directement le pouvoir, au moyen de la loi, il faut leur permettre de prononcer une peine plus sévère et mieux proportionnée, puisque c'est la rigueur même de cette peine toujours menaçante pour celui qui a bénéficié du sursis, qui constitue la meilleure garantie de l'efficacité de la loi.

Le projet de révision du code pénal français n'autorise que le sursis à l'exécution d'une peine inférieure ou égale à trois mois d'emprisonnement ou de détention (1), en faveur de l'inculpé n'ayant pas encore été condamné pour crime ou délit. Le sursis est révoqué de plein droit si, dans le délai de trois ans, le condamné commet un nouveau fait passible de l'emprisonnement ou de la détention.

Une des dispositions du projet dénature complètement l'esprit de la loi de 1891 ; en laissant au juge la faculté d'accorder le sursis, le législateur voulait que le magistrat put prendre en considération, bien moins la gravité objective du délit que les chances de relèvement de l'individu ; comment expliquer alors l'importance accordée par le projet à la peine encourue, qui vient restreindre d'une façon si malheureuse l'application bienfaisante du sursis ?

Les critiques ne furent pas ménagées à l'institution du sursis, mais elles ne seraient justifiées que si elle était faussée dans son application ou s'il en était fait abus. Il faut reconnaitre que jusqu'ici l'expérience n'a pas été défavorable à l'institution : c'est à la loi du sursis, comme le proclamait M. Tarde, que nous devons

(1) M. Le Poittevin, *Rev. pénit.* 1893.

l'arrêt et même le recul du flot montant de la récidive qui semblait devoir être irrésistible. Le petit nombre des rechutes, qui se sont produites chez les condamnés, auxquels le sursis a été appliqué, met en lumière la puissance d'amendement de l'institution ».

A l'étranger, le mouvement en faveur de l'introduction du sursis dans les législations est aujourd'hui général. La Belgique fut le premier pays de l'Europe où l'innovation passa dans la législation positive, loi du 31 mars 1888, mais le juge ne peut accorder le sursis qu'au cas où l'emprisonnement prononcé ne dépassera pas six mois. Le projet suisse de 1893 admet la condamnation conditionnelle, article 46. Le gouvernement a pris l'initiative de projets en ce sens en Autriche et en Italie. En Allemagne, la question est encore discutée et elle n'est pas encore sortie des controverses doctrinales. La question est à l'ordre du jour en Norvège et en Hongrie.

Dans sa deuxième partie, la loi du 26 mars 1891 punit une récidive que le Code pénal n'avait pas prévu : lorsque la première condamnation est de moins de un an d'emprisonnement ; mais elle ajoute : la récidive n'existera que si les délits sont de même nature et s'ils ont été commis dans un certain délai.

Dans le projet, on décidait que le juge ne pourrait pas accorder les circonstances atténuantes quand il y aurait récidive ; cette proposition ne fut pas admise : en fait, le législateur laisse toute liberté au juge pour fixer la peine, les magistrats pouvant toujours détruire l'aggravation légale en accordant les circonstances atténuantes au récidiviste.

Pour terminer cet exposé de l'œuvre législative dans la fixation de la peine, ajoutons qu'il existe encore des peines fixes dans des lois particulières : c'est ainsi que dans la loi du 17 juillet 1889, relative aux candidatures multiples, le juge n'a aucun pouvoir d'atténuation : d'après l'article 6 : le candidat qui aura contrevenu aux dispositions de la présente loi sera puni d'une amende de 10,000 francs (l'amende sera de 1 à 5 mille francs pour toute personne qui aura agi en violation de l'article 4).

En 1888 le législateur a permis au juge d'appliquer l'article 463 du Code pénal aux délits et contraventions prévus par les lois sur les contributions indirectes, loi du 30 mars 1888, article 42. Deux lois, l'une du 26 décembre 1890, article 12, et l'autre du 29 mars 1897, article 19, sont venues restreindre ce pouvoir ; d'après la loi du 29 mars 1897, actuellement en vigueur, l'article 463 du Code pénal cessera d'être applicable en cas de récidive dans le délai de trois années.

Tirant une conséquence du principe admis dans la loi du sursis, on a saisi le Sénat d'une proposition de loi relative à la répression de certains faits outrageants pour la morale et dont la répétition constitue principalement le danger. Il y est posé en principe que le fait incriminé ne peut être poursuivi que s'il a été l'objet, dans un délai déterminé, d'un avertissement préalable notifié, après enquête et l'inculpé entendu, par un officier de police judiciaire (1).

C'est la même idée qui a inspiré l'article 66 du projet de Code pénal : « Dans tous les cas, soit en vertu des dispositions de la loi pénale, soit par suite de la déclaration de circonstances atténuantes, le juge serait autorisé à n'appliquer qu'une amende, il pourra, si le condamné n'a pas encore été condamné pour crime ou délit, ne pas prononcer de condamnation. Il avertira le prévenu qu'en cas de nouvelle infraction, il ne devra plus compter sur l'immunité pénale. Le prévenu sera condamné aux dépens et, s'il y a lieu, à tous dommages-intérêts au profit de la partie civile. » Le Code pénal allemand admet la réprimande judiciaire, sans adjonction d'aucune autre peine, pour les délits et contraventions des jeunes inculpés qui, à l'époque de l'infraction étaient âgés de plus de 12 ans et de moins de 18 ans, § 57.

(1) M. Bérenger, *Institutions pénitentiaires*, préface.

CHAPITRE VIII

RÉSULTATS DE NOTRE SYSTÈME PÉNAL

—

Tels furent les principes de la fixation des peines depuis les origines de notre droit pénal jusqu'à nos jours. Arbitraire ou légale, la peine ne fut pendant longtemps regardée que comme un moyen d'intimidation et c'est là ce qui explique les peines sauvages et les supplices de notre ancien droit. Il faut arriver au XIXe siècle pour lui voir attribuer en même temps une seconde fonction, celle de tendre à l'amendement du condamné. C'est à l'adoucissement de nos mœurs et à cette nouvelle fonction que nous avons demandée à la peine, qu'il faut attribuer l'abaissement progressif de notre pénalité. « Il y a en ce moment (1), et surtout en France, un courant d'idées défavorables à la sévérité de la répression. Pour qu'un délinquant subisse intégralement la peine fixée par la loi, il faut qu'il traverse une série de mauvaises chances bien improbables. Il est d'abord nécessaire qu'il soit découvert et arrêté ; or, on peut constater, d'après le chiffre des affaires classées au parquet, que le coupable

(1) M. Cuche, *Revue pénitent.*, 1894.

échappe à la main de la justice à peu près deux fois sur trois. Il faut qu'il soit condamné : or nous connaissons la proportion des acquittements (5 pour 100 des prévenus, 31 pour 100 des accusés). J'ajouterai : condamné sans sursis, car il faut encore réserver la chance d'une condamnation conditionnelle lorsqu'elle est possible. On doit supposer en outre que le juge lui a refusé les circonstances atténuantes, qu'il accorde sept fois sur dix ; enfin il faut admettre que l'administration inexorable lui a fait subir sa peine jour pour jour. »

Si notre droit pénal moderne se caractérise par un abaissement de la pénalité, devenu assez inquiétant aujourd'hui pour que l'on ait senti la nécessité de réagir contre ce sentimentalisme exagéré qui, pour vouloir adoucir les rigueurs de notre système répressif, risquerait d'en compromettre l'efficacité, il est juste d'ajouter que depuis un demi-siècle notre législation pénale ne s'est laissée devancer par aucun pays de l'Europe pour obtenir l'amendement et la réforme du condamné. Tandis qu'autrefois on ne cherchait à corriger le coupable que par la rigueur du châtiment, on a voulu joindre aujourd'hui aux effets de l'intimidation « ceux de l'éducation morale par une discipline propre à provoquer l'effort personnel du condamné (1). »

L'avantage, une fois reconnu, d'associer le délinquant à l'œuvre de son relèvement, il était logique de chercher à l'y intéresser par tous les moyens légitimes :

(1) M. Bérenger, *Institutions pénitentiaires*.

de là, les institutions de la libération conditionnelle et du sursis, c'est-à-dire, le pardon fondé sur le repentir et la bonne conduite depuis la condamnation, ou sur l'indulgence que mérite le prévenu avant l'exécution de la peine : « C'est l'honneur de la science moderne d'avoir accompli cette révolution véritable dans le système répressif de notre temps : de placer le pardon à côté de la peine parmi les moyens propres à assurer la correction du coupable. »

Deux critiques se dégagent de l'étude de notre système pénal : 1° Il faut fortifier l'action répressive par une plus judicieuse exécution de la peine, qui doit être dure et redoutée, tout en restant humaine, si l'on veut qu'elle agisse efficacement par l'intimidation et par le souvenir ; 2° Développer les institutions préventives trop négligées par le passé.

Indulgence et rigueur, la première appliquée au délinquant primaire et au condamné amendable, la seconde au récidiviste, voilà les caractères de notre législation pénale.

La peine fixée par le législateur n'atteint donc le condamné qu'après avoir été modifiée, dans une large mesure, et quelquefois même suspendue, par le juge et l'administration. L'examen du mode de fixation de la peine au XIXe siècle nous a donc montré, comme nous l'annoncions aux débuts de cette étude : « une abdication progressive et constante des pouvoirs du législateur entre les mains du juge et de l'administration. »

TROISIÈME PARTIE

—

ÉTUDE CRITIQUE

DES THÉORIES PROPOSÉES SUR LE MODE DE FIXATION DES PEINES

CHAPITRE PREMIER

DU ROLE OBJECTIF ET SUBJECTIF DU LÉGISLATEUR DANS LA FIXATION DES PEINES

—

Après avoir examiné le rôle que le législateur a joué dans le cours du développement de notre droit pénal, passons à l'étude critique des théories proposées sur ce sujet.

Première théorie.

Pour fixer la peine, le législateur se placera au point de vue objectif du délit et le juge au point de vue subjectif, le législateur n'a pas à se préoccuper du délinquant. M. Gautier (*Revue pénale*, Suisse, 1894), s'exprime ainsi : « Dans cette fastidieuse controverse, punition de l'homme et punition de l'acte, la solution me paraît être celle-ci : le côté extérieur c'est au législateur à en tenir compte en précisant les éléments de chaque infraction, la loi réprime le délit. Mais lorsqu'il s'agit de graduer la peine dans les limites légales, c'est la face interne qui doit surtout être mise en lumière, le juge punit le délinquant. »

Les circonstances, qui accompagnent le délit et les personnes échappent, au législateur, la seule chose qu'il puisse connaître, c'est la gravité objective de l'infraction, le trouble social que son imitation peut causer ; la gravité du fait accompli doit seule servir de base dans la mesure de la peine, qui n'est alors qu'un moyen d'intimidation. « C'est la nécessité de la peine, disait Target, au Conseil d'État, qui la rend légitime. Qu'un coupable souffre, ce n'est pas le dernier but de la loi, mais que les crimes soient prévenus, voilà ce qui est d'une haute importance. Après le plus détestable forfait, si le législateur pouvait être sûr qu'aucun crime ne fut désormais à craindre, la punition du dernier des coupables serait une barbarie sans fruit, et l'on ose dire qu'elle passerait le pouvoir de la loi. »

Le législateur doit donc examiner le délit en lui-même et se demander, quelle que soit l'hypothèse à résoudre, ce que ce délit exige de réparation pour la sécurité sociale : s'il s'agit d'un attentat à la vie humaine, quelles que soient les circonstances qui ont accompagné le meurtre, ce délit mérite une répression des plus sévères. Le législateur fera varier la peine suivant la gravité intrinsèque du délit : s'il s'agit de vol, il modifiera la sanction suivant qu'il y aura eu vol à main armée, ou commis en réunion, ou bien un vol simple.

C'est lui qui mesurera la gravité actuelle du délit au point de vue social : certains délits, fort dangereux autrefois, et réprimés avec la dernière sévérité, le sont devenus beaucoup moins aujourd'hui, et exigent une sanction plus douce : dans notre ancien droit, l'association de malfaiteurs était punie de mort, ce délit est devenu plus difficile et moins fréquent à notre époque, c'est ainsi que ce délit n'est plus puni que des travaux forcés à temps, article 266, Code pénal. En sens inverse, des délits, presque inconnus autrefois, sont devenus fréquents et très dangereux : l'escroquerie dans les sociétés par actions qui peut détruire l'esprit d'initiative et la sécurité des relations économiques.

Dans une seconde opinion, au contraire, c'est la perversité du délinquant qui seule doit servir de base dans la fixation de la peine. En présence d'une infraction déterminée, il n'y a pas lieu de savoir si elle appartient à la catégorie des crimes, des délits ou des contraventions, il n'y a qu'à étudier le criminel en lui-même.

La gravité du fait accompli et les moyens employés pour le réaliser ne peuvent que guider le législateur en lui montrant plus nettement la perversité plus ou moins grande du délinquant. De cette théorie résulte une classification des criminels substituée à celle des infractions.

« L'école néo-classique, écrit M. Saleilles, est une école subjective et hardiment subjective, s'attachant à la considération de l'individu, tenant compte de la volonté qui a présidé au crime, appréciant le plus ou moins de culpabilité individuelle de l'agent. C'est l'introduction dans ce siècle-ci du point de vue subjectif en matière de pénalité, on commence à ne plus voir seulement que le crime, le criminel va passer au premier plan. »

D'après une troisième opinion, le législateur doit se placer à la fois au point de vue objectif et au point de vue subjectif du délit.

Pour poser les bases d'un système répressif équitable, le législateur ne pouvait pas isoler le délit de son auteur. il devait tenir compte non seulement du fait, mais encore du criminel qui est aussi un danger social plus ou moins redoutable suivant son état.

Nos lois admettent l'excuse de minorité et c'est là quelque chose de subjectif. le législateur considère ici le coupable en lui-même. Il en est de même pour l'excuse de provocation : le coupable a été incité à tuer par l'action même de la victime qui avait commencé par le frapper, ici le fait objectif est le meurtre, la provocation est quelque chose de subjectif. La circonstance aggravante de la récidive est encore tirée du point de vue subjectif : supposons deux co-auteurs d'un délit de vol, l'un est récidiviste et l'autre délinquant primaire, c'est bien là le même délit de vol pour les deux coupables et pourtant le législateur permet au juge de dispenser le délinquant primaire de subir la peine, s'il y a lieu, tandis qu'il pourra obliger le juge à prononcer la relégation contre le récidiviste.

Le législateur doit donc se placer à la fois au point de vue objectif et au point de vue subjectif ; il fixera la peine en tenant compte du délit et autant que possible du délinquant tout en laissant au juge un large pouvoir d'appréciation.

Cette tendance s'est de plus en plus accentuée dans les différentes lois qui sont venues modifier le système pénal de 1810, et c'est sans aucun doute sur la nature du délinquant (primaire ou d'occasion et d'autre part récidiviste ou délinquant d'habitude) que se feront les différentes classifications des codes de l'avenir.

CHAPITRE II

THÉORIE DU MAXIMUM ET DU MINIMUM DES PEINES

Dans notre droit pénal français, le législateur fixe, en principe, un maximum et un minimum pour chaque peine. Le pouvoir du juge se trouve ainsi contenu dans des limites plus ou moins larges qu'il ne pourra franchir que sous les conditions et dans les cas prévus par les textes. C'est ainsi que l'article 305, Code pénal, décide que les menaces seront punies d'un emprisonnement de 2 à 5 ans et d'une amende de 150 à mille francs. De même, l'article 224, l'outrage fait par gestes ou menaces à un officier ministériel...... sera puni d'un emprisonnement de 6 jours à 1 mois et d'une amende de 16 à 200 francs.

Supposons un texte de loi qui fixe le minimum d'une peine mais sans indiquer aucun maximum : la peine ne pourra pas être moindre de 15 francs. La jurisprudence a décidé par un arrêt de 1856 (sur l'application d'un édit de 1776 qui fixait : « une peine de 500 livres d'amende, ou plus forte peine s'il y échet », que dans ce cas la peine devenait fixe, le minimum se confond avec le maximum. La peine légale est toujours considérée comme un maximum que le juge ou l'administration ne sont jamais autorisés à dépasser, sous prétexte que la justice n'est pas satisfaite ou que l'amendement n'est pas réalisé. C'est là en France un principe de droit public, le maximum constitue une garantie pour la liberté des citoyens, et c'est ce principe qui, lors du congrès de l'union internationale de droit pénal tenue à Paris en 1893, à fait échec à l'adoption des sentences indéterminées (1).

D'après une opinion, le législateur doit fixer un maximum, mais il ne doit pas fixer de minimum ; le juge peut ainsi mesurer la peine au degré de criminalité individuelle et sociale de l'agent.

C'est là le système admis par le nouveau code pénal hollandais : toute peine, emprisonnement, détention, amende, pour chaque délit et pour chaque contravention, n'est indiqué que par son maximum ; à chacune d'elles on retrouve la formule sacramentelle « *van ten hoogste*, au plus ». Aucune peine n'a son minimum propre, il n'existe d'autre minimum dans tous les cas, que le minimum général de un jour pour l'emprisonnement et la détention et d'un demi-florin pour l'amende.

Cette suppression du minimum a soulevé de nombreuses controverses, beaucoup ont vu là une faute manifeste dans la législation hollandaise ; la détermina-

(1) Séance du lundi 26 juin 1893.

tion légale des peines doit être assez précise pour que le coupable puisse calculer, au moins approximativement, la conséquence de son délit. Rossi avait écrit : « La suppression du minimum serait encore plus funeste, peut-être, pour l'ordre public, que celle du maximum. »

L'atténuation de la peine ne doit pas être abandonnée sans restriction à la merci d'un caprice, d'une erreur, d'une impression du moment. Aussi la règle, admise par la plupart des États Européens, est-elle de laisser le juge se mouvoir librement entre deux limites dont l'une est posée à son indulgence et l'autre à sa sévérité.

Le projet de Code pénal suisse contient une disposition diamétralement opposée à celle du Code hollandais. Désireux de laisser au juge le moins d'arbitraire possible, le législateur lui trace les règles dont il doit s'inspirer dans la fixation des peines : les circonstances atténuantes n'y sont pas indéfinies et illimitées comme dans notre loi de 1832, elles y sont au contraire limitativement déterminées.

Le système admis aujourd'hui dans notre droit pénal se rapproche beaucoup du système hollandais, tout au moins en ce qui concerne les délits et les contraventions : en accordant les circonstances atténuantes au condamné, le juge peut abaisser la peine jusqu'au minimum de celles de police, il peut descendre jusqu'à un franc d'amende.

Nous admettrons que le législateur peut laisser toute latitude au juge pour atténuer la peine et se désintéresser du minimum quand il s'agira d'un délit peu important, mais qu'il devra fixer un minimum sévère et obligatoire pour le juge dans deux cas :

1° Lorsqu'il faudra punir un crime très grave ;

2° S'il s'agit d'un récidiviste.

Dans le premier cas, quand un crime grave aura été commis, par exemple un attentat contre la vie humaine, la répression doit être sévère et certaine. Si l'on supprimait ce minimum, il serait à craindre que le juge, placé en face d'un accusé et voyant de grandes circonstances atténuantes en sa faveur, ne soit amené à oublier la gravité du délit et à se laisser aller à une indulgence excessive.

Le jury nous en donne tous les jours des exemples dangereux pour la sécurité sociale ; l'acte, quelque grave qu'il soit, paraît lui importer assez peu, il acquitte ou punit de peines légères si l'agent a été poussé à commettre son crime par un mobile qui ne fait pas horreur à la conscience des jurés. Ils finissent par être tellement absorbés par la vision de l'individu, par ses antécédents et par son attitude, qu'ils oublient la gravité du crime. Les jurés se préocupent de plus en plus des mobiles qui ont fait agir le prévenu, si bien que l'on a pu classer les crimes suivant qu'ils avaient ou non les sympathies du jury : il y en a toute une catégorie pour lesquels il oublie toujours le fait commis pour ne voir que le sentiment qui a provoqué le crime ; aujourd'hui ils portent un nom : ce sont les crimes passionnels. Ils sont assurés d'obtenir l'indulgence du jury : qu'importe l'acte si le coupable est digne de pitié ?

C'est dans les cas de ce genre, que le législateur ne doit pas oublier que c'est à lui d'assurer la sécurité sociale, tout en sauvegardant les droits de l'individu ; il doit chercher à arrêter la contagion que ce délit grave, presque impuni, peut provoquer chez les criminels de demain, opposant à la passion criminelle la crainte d'un châtiment efficace et certain.

« Il suffirait (1) pour sauvegarder l'efficacité de la peine que les réactions sociales individualisantes, provoquées par l'infraction, ne pourraient jamais aboutir à faire descendre le taux de la répression au-dessous du tarif légal, représentant le quantum d'intimidation nécessaire. »

Ce système aura trop souvent le défaut d'amener l'acquittement de l'accusé par le jury, mais cet acquittement vaudra peut-être mieux qu'une répression trop douce et inefficace, il faut que la peine portée par la loi saisisse l'opinion publique et lui fasse comprendre la gravité du délit.

2° Le législateur doit encore intervenir en fixant un minimum quand il s'agira d'un récidiviste ; le plus souvent on se trouvera en présence d'un incorrigible sur

(1) M. Cuche, *Rev. pénit.*, 1894.

qui, l'on peut dire d'avance, qu'il sera juste et nécessaire d'épuiser les sévérités de la loi.

Dès 1862, le rapport qui précède la statistique des prisons publiée par l'administration pénitentiaire, constatait que le nombre des récidivistes augmentait en raison de la brièveté de la peine subie. En 1878, au congrès international de Stockholm, c'est à l'unanimité que l'on a rangé parmi les moyens les plus propres à combattre la récidive : l'emploi moins fréquent des peines de courte durée contre les délinquants d'habitude.

Rien dans nos lois n'oblige les magistrats à aggraver la peine du récidiviste, ou plutôt il lui est toujours permis de paralyser l'aggration de peine résultant de la récidive par une déclaration de circonstances atténuantes qui est presque devenue de style : L'article 463 autorise en effet, même en cas de récidive, en matière correctionnelle, à abaisser l'amende et l'emprisonnement jusqu'au taux de la simple police et même de substituer l'amende à l'emprisonnement.

Aujourd'hui, dans toute l'Europe, les tribunaux ont pris l'habitude de prononcer de très courtes peines d'emprisonnement contre les récidivistes et ont appliqué de plus en plus le système de l'accumulation des courtes peines ; tous les criminalistes sont cependant d'accord pour décider que le nombre des récidives augmente en raison de la brièveté de la peine subie.

Il faut réprimer l'abus des courtes peines contre les récidivistes, on a trouvé en grand nombre des casiers judiciaires portant jusqu'à 30 et 40 condamnations à l'amende, quelques jours, quelques mois de prison au maximum. Les récidivistes ne craignent pas cette courte peine d'emprisonnement, ils sont habitués à la prison et souvent ils la désirent. Ils savent choisir leur lieu de détention, l'époque où il est bon de se faire arrêter ; l'hiver la prison leur fournit un abri confortable où ils expient, sans inquiétude et sans souci du lendemain, le délit qui a motivé leur internement. Ils connaissent le tarif appliqué par le tribunal correctionnel qui va les condamner, aussi s'éloignent-ils prudemment de celui où ils savent que le président leur infligera une peine plus sévère, huit mois ou un an de prison.

En votant la loi de 1885 sur la relégation, le législateur montra clairement qu'il se défiait de l'indulgence des juges ; la relégation est une peine fixe et obligatoire, elle n'est subordonnée qu'à un calcul mathématique du nombre des condamnations. De même la loi Bérenger, dans sa deuxième partie, punit plus sévèrement en cas de récidive. Mais la jurisprudence trouva moyen de tourner cette sévérité législative : en prononçant des peines de moins de trois mois d'emprisonnement pour que ces condamnations ne comptent pas pour la relégation, ou bien en accordant des circonstances atténuantes dans les cas de petite récidive.

Dans son projet de loi sur l'aggravation et l'atténuation des peines, M. Bérenger, craignant que l'application judiciaire ne vienne fausser l'esprit de la loi, avait restreint les pouvoirs du juge en ce qui concerne l'atténuation des peines :

Article 1er du premier projet : « Tout individu déjà condamné à une peine d'emprisonnement qui est reconnu coupable d'un délit de même nature ou d'un fait emportant une peine plus grave, ne peut, même en cas de circonstances atténuantes, être condamné à une peine inférieure à six mois d'emprisonnement pour la première récidive, à un an et un jour pour la seconde, etc..... (1). » Ce minimum était plus ou moins élevé suivant que la première condamnation aurait ou non dépassé trois mois d'emprisonnement, il s'élevait à chaque nouveau délit, c'était là un système d'aggravation progressive.

Estimant, pour la sauvegarde des droits de l'homme et de la société, que l'arbitraire dans l'atténuation des peines constituerait un danger redoutable s'il venait à se généraliser, nous croyons utile que la loi oblige le juge à se montrer sévère dans ces deux cas en fixant un minimum obligatoire.

En un mot, le législateur doit toujours fixer un maximum, laisser au juge un large pouvoir d'appréciation et fixer un minimum dans certains cas.

(1) *Rev. pénitent.*, 1890.

CHAPITRE III

LES CIRCONSTANCES TRÈS ATTÉNUANTES

—

Dans une autre théorie, au contraire, on trouve que le système des circonstances atténuantes ne va pas assez loin : la multiplication des verdicts d'acquittement s'explique, dit-on, par la disproportion qui existe, dans un grand nombre de cas, entre les faits incriminés et la peine applicable : « Aucune force humaine ne peut empêcher les jurés d'avoir égard aux conséquences de leur verdict, et si le mal découle de la loi, il faut changer la loi pour le faire cesser (1). »

C'est pour remédier à ces inconvénients que l'on a proposé d'organiser un double degré de circonstances atténuantes et d'introduire, à côté des circonstances simplement atténuantes, des circonstances très atténuantes.

C'est le système appliqué dans le Code pénal de Genève de 1874 et maintenu par le nouveau Code du 25 octobre 1884 : lorsque l'accusé a été déclaré cou-

(1) *France judiciaire*, 1887.

pable, le jury peut ajouter à cette déclaration qu'il a agi en des circonstances atténuantes ou très atténuantes ; dans ce dernier cas, la loi abaisse considérablement le maximum de la peine encourue et ne fixe pas de minimum, article 41 : « Lorsque le jury a ajouté à sa déclaration que l'accusé a agi en des circonstances très atténuantes, si la peine établie par la loi est la réclusion à perpétuité, la Cour prononce un emprisonnement de quatre ans ou au-dessous, sans minimum ; si la peine établie par la loi est la réclusion à temps, la Cour prononce un emprisonnement de deux ans ou au-dessous, sans minimum ; si la peine établie par la loi est le bannissement ou une peine correctionnelle, la Cour prononce une peine qui ne peut dépasser le quart du minimum déterminé par la loi. »

C'est ce système qu'il s'agit de transporter dans notre Code pénal.

Un projet de loi en ce sens fut présenté au Sénat par M. Bozérian le 4 avril 1885 ; modifiant les articles 341 du Code d'instruction criminelle et 463 du Code pénal, ce projet décidait que, dans toute affaire, le juge serait appelé à statuer, non seulement sur l'admission de circonstances atténuantes en faveur de l'accusé, mais en outre sur l'admission de circonstances très atténuantes. L'admission de ces circonstances très atténuantes obligerait la Cour, dans tous les cas, à réduire la peine encourue aux proportions d'une peine correctionnelle.

Le 16 mai 1887, M. le conseiller Tanon, dans son

rapport à la Cour de cassation, conclut au rejet de la proposition : renvoyé ensuite à la Commission extra-parlementaire de révision du Code pénal, ce projet n'a plus reparu.

« On oublie, disait M. Tanon (1), lorsqu'on propose aujourd'hui l'extension des circonstances atténuantes, les plaintes que leur abus a soulevées à d'autres époques. Ces plaintes étaient sans doute exagérées, mais combien l'usage des circonstances très atténuantes n'en provoquerait-il pas de légitimes ? » Cette réforme ne produirait pas le résultat que l'on poursuit et n'éviterait pas certains acquittements. Il y a, semble-t-il, dans la combinaison des dispositions légales actuelles, place pour l'appréciation de tout ce qui peut affaiblir la criminalité d'un acte. Que pourraient donc être les circonstances très atténuantes ? Il y a là une distinction purement arbitraire, difficile à formuler. Avec un tel système, le jury ne jugerait pas seulement le fait, il deviendrait l'arbitre de la peine.

Les circonstances très atténuantes détruiraient l'échelle des peines de notre droit pénal et, en confondant les crimes et les délits, elles abaisseraient d'une façon inquiétante le niveau de la répression. M. Grandperret disait, dans son discours au Sénat, « qu'il préférait, dans certains cas, l'acquittement, œuvre d'un jury sans responsabilité et qui se disperse sur le champ, à

(1) Journal *Le Droit*, 20 mai 1887.

la peine ridiculement atténuée qui résulte d'une défaillance de la loi ».

Si notre législation pénale est parfois défectueuse ou trop sévère, s'il est des faits particuliers auxquels la sanction légale s'adapte mal, il faut en poursuivre la réforme en examinant les incriminations spéciales qui doivent être modifiées. Si nous prenons l'exemple du duel, invoqué par M. Bozérian lui-même, pour en assurer une meilleure répression, il serait préférable de voir là un délit spécial, puni de peines particulières, plutôt que d'accorder les circonstances très atténuantes en pareille hypothèse. Mieux vaudrait réorganiser la pénalité, de manière à la mettre en rapport avec les différentes classes de délinquants que l'on se propose d'atteindre.

Le Code pénal suédois de 1865 modifié par les lois du 28 octobre 1887 et du 20 juin 1890 a admis le système des circonstances atténuantes qui permettent au juge de descendre au-dessous du minimum fixé par la loi.

CHAPITRE IV

THÉORIE DE L'UNITÉ DE PEINE PRIVATIVE DE LIBERTÉ, OU SYSTÈME DE LA PEINE UNIQUE

—

D'après notre Code pénal les peines de droit commun, privatives de liberté, se divisent en trois catégories : les travaux forcés, la réclusion et l'emprisonnement correctionnel. Ces catégories de peines diffèrent les unes des autres, non seulement par leur durée, mais aussi par la rigueur du régime appliqué à chacune d'elles : « C'était l'une des idées les plus chères de notre droit traditionnel (1) que les peines devaient varier de régime et par suite de rigueur d'après la nature du crime : pour les crimes les plus graves, les peines les plus graves, non seulement par leur durée mais aussi par leur régime. »

Dans la séance du 21 août 1878, au congrès de Stockholm, on discuta la question suivante : Convient-il de conserver les diverses qualifications des peines privatives de liberté ou convient-il d'adopter l'assimilation

(1) M. Saleilles.

légale de toutes ces peines, sans autres différences entre elles que la durée et les conséquences accessoires qu'elles peuvent entraîner après la libération ?

Déjà en 1847, cette pensée de l'unification de la peine avait inspiré la loi sur la réforme des prisons préparée par la Chambre des pairs, loi que la révolution de 1848 n'a pas permis de voter. Elle substituait aux divers modes d'incarcération une peine unique, l'emprisonnement cellulaire appliqué à toute espèce de délits, elle ne laissait en dehors que la peine de mort au sommet de l'échelle criminelle, et l'amende au premier degré.

Au congrès de Francfort en 1857, on avait généralement accueilli avec faveur que la diversité dans les peines privatives de liberté devait être réduite à une simple différence de durée. M. Hœnel, dans son système sur la science des prisons, se prononce contre la distinction de l'emprisonnement en maison de force et maison de correction. Toute aggravation de la peine de l'emprisonnement en dehors de la restriction de la liberté répugne à la nature de cette peine et nuit au but de la sanction au lieu de la faciliter.

En supprimant les distinctions entre les travaux forcés, la réclusion et l'emprisonnement, rien ne s'oppose à ce que le législateur décrète des peines inférieures à celle de l'emprisonnement, c'est ainsi qu'il pourra créer des colonies pénitentiaires, ou même une autre catégorie de peines pour certains délinquants qu'il ne voudra pas confondre avec ceux de droit commun.

En 1810, on voulut établir trois régimes distincts de peines privatives de liberté, à rigueur décroissante ; en fait l'appréciation de la loi ne concorde pas toujours avec celle des condamnés : c'est ainsi qu'aujourd'hui la réclusion est considérée par le monde des criminels comme plus redoutable que la transportation. En elle-même la réclusion, si nous faisons abstraction de sa durée, ne diffère guère de la peine de l'emprisonnement correctionnel : les locaux sont différents, la réclusion il est vrai entraîne l'interdiction légale et la dégradation civique, mais ces peines accessoires touchent peu le condamné et sont presque illusoires pour lui : en fait la principale différence qui soit appréciée par le délinquant consiste en ce que le réclusionnaire touche un dixième de moins sur son salaire que l'individu condamné à l'emprisonnement.

Cette classification légale peut aboutir en pratique à des résultats absurdes, quoique juridiques : un individu en cour d'assises avait commis des violences contre les témoins ; c'était un délit d'audience, la Cour d'assises prononça pour ce délit cinq ans de réclusion. Le verdict reconnut ensuite que le prévenu s'était rendu coupable d'un vol simple, et, comme récidiviste, il fut condamné à 10 ans d'emprisonnement. Appliquant alors l'article 365 (Code instruction criminelle) et le principe : que la peine d'un degré supérieur dans l'échelle des peines est considérée comme plus forte que celle d'un degré inférieur, sans qu'il y ait a tenir compte du temps de privation de liberté : la Cour ajouta que les 10 ans d'emprisonnement devaient se confondre avec les cinq ans de réclusion. En fait le condamné avait gagné 5 ans à avoir battu les témoins (1).

Les projets et Codes récents se rapprochent de plus en plus du système de l'unité de peine, et c'est l'une des innovations les plus heureuses de notre projet de révision, due à l'influence de M. Léveillé, d'en avoir adopté à peu près le principe. « Une échelle très réduite des pénalités remplace la hiérarchie des peines multiples qui subsiste, avec quelques remaniements, depuis le Code de 1810 : le projet a fait table rase, il reconstruit sur nouveaux plans (2). »

Il n'y a plus que deux peines prévatives de liberté, mais de natures distinctes : l'emprisonnement pour réprimer les crimes et délits de droit commun, et la détention « pour punir les délits politiques et les infractions les moins déshonorantes ».

L'emprisonnement est ainsi la peine fondamentale en matière de crimes et de délits, la relégation n'est applicable que lorsque le dossier des rechutes a démonté que cette peine ne suffit pas (art. 25).

Le Code pénal des Pays-Bas tend lui aussi vers l'unification des peines, il n'admet ni la peine de mort, ni les peines coloniales ; on ne trouve que l'emprisonne-

(1) Arrêt Lalanne, 18 janvier 1850, Dalloz, *juris. gén.*, 1850.

(2) M. Le Poittevin, *Rev. pénit.*, 1893

ment (de un jour à vingt ans) et la détention (de un jour à un an). La détention est subie en commun et l'emprisonnement, pour un certain temps dans l'isolement.

Il est donc inutile de chercher à différencier la rigueur des peines privatives de liberté en les soumettant chacune à un régime différent; sans doute, il faudra que la peine reste divisible, pour que juge et législateur puissent la proportionner aux différents crimes et aux divers délinquants, mais pour cela il sera suffisant que cette peine varie par sa durée.

CHAPITRE V

LES PEINES PARALLÈLES

—

Le législateur doit-il établir deux échelles de peines parallèles, de telle sorte que le juge puisse changer la nature de la peine et passer d'une échelle à l'autre s'ils trouve des circonstances particulièrement favorables à l'accusé ?

Notre Code pénal permet au juge d'abaisser la peine s'ils admet des circonstances atténuantes ou même d'en suspendre l'exécution, mais il ne peut jamais changer la nature de la peine et passer de l'échelle des peines politiques à l'échelle des peines de droit commun.

Le juge doit individualiser la peine, suffit-il pour cela qu'il lui soit permis de la rendre plus ou moins longue, qu'il puisse substituer aux travaux forcés la réclusion ou l'emprisonnement, ou bien ne serait-il pas préférable qu'il ait en outre le pouvoir de changer la nature de la peine ? Il faut élargir le pouvoir du juge pour lui permettre de distinguer nettement du criminel ordinaire, celui qui a commis un délit, dangereux peut-être au point de vue social, mais non déshonorant, il faut lui laisser la faculté d'infliger à ce dernier une peine d'une autre nature que celle de droit commun.

Depuis 1832, nous avons une double échelle de peines : la déportation, la détention, le bannissement sont devenus des peines parallèles aux travaux forcés, à la réclusion, etc.... La théorie générale des peines politiques ne se forma que sous la Restauration : c'est alors seulement qu'on distingua nettement deux catégories de condamnés ; il fut soutenu que les prétendus coupables de la Révolution étaient bien différents des coupables de droit commun, les assassins et les voleurs. L'opinion publique comprit qu'il ne fallait pas confondre ces condamnés politiques avec les délinquants ordinaires : le roi Louis-Philippe refusa pendant son règne de permettre aucune exécution pour crimes politiques, et le gouvernement déclara qu'il ne demanderait plus d'extradition pour délits politiques et qu'il n'en accorderait jamais.

En 1848, il y eut en France un sentiment de crainte, les exécutions de 1793 étaient encore présentes à la mémoire de tous : pour rassurer l'opinion publique, le gouvernement provisoire décréta qu'il considérait la peine de mort comme abolie en matière politique.

Cette classsification nouvelle qui se développait fut l'œuvre des publicistes et des orateurs, ils oublièrent de dire ce qu'ils entendaient par ce mot et ils eurent le tort de ne pas préciser la notion du délit politique : est-ce que tout délit commis dans un but politique sera un délit politique ! Et devra-t-on, en conséquence, lui appliquer les peines de la seconde échelle, lui éviter la peine de mort quelle que soit l'horreur provoquée par ce crime ?

La question s'est présentée en 1848 après l'insurrection de Juin et en 1871 après la Commune. Les insurgés avaient agi dans un but politique, mais est-ce que tous leurs actes avaient un but politique? A l'étranger on les considéra comme des criminels politiques, on refusa d'extrader les coupables ; tandis que la Cour de cassation disait : « Il ne faut voir là que des délits de droit commun..., on n'a pas aboli la peine de mort pour les assassinats politiques. »

On peut traduire ainsi l'opinion actuelle : les peines politiques sont applicables à des délits commis dans un but politique, à moins que le moyen employé ne rende le coupable indigne de cette faveur (1).

Il ne faut pas confondre ce criminel politique avec le délinquant de droit commun, il peut être fort dangereux et mériter une répression sévère. mais il n'est pas déshonoré par son crime, si toutefois le moyen qu'il a employé (bombe, couteau, etc.....) ne répugne pas à la conscience publique.

Faut-il étendre d'une façon générale cette double échelle des peines et n'y a-t-il pas encore d'autres infractions auxquelles il serait juste d'appliquer des peines différentes de celles du droit commun ?

(1) M. Garçon, à son cours.

Il semble que cette seconde catégorie de peines pourrait être appliquée avec succès aux crimes passionnels. Il est pénible de constater le nombre sans cesse grandissant des acquittements en cette matière ; rien de plus pernicieux que cette impunité assurée à des criminels qui se sont rendus coupables de faits très graves ; depuis que cette jurisprudence s'est introduite, nous avons vu ces crimes suivre une marche inverse de celle de la répression et se multiplier d'une façon inquiétante. « Si l'opinion publique (1) ne s'est pas soulevée d'indignation en face de ces acquittements, n'y a-t-il pas quelque raison cachée, qui égare peut-être les consciences des jurés, mais qui explique dans une certaine mesure leurs décisions ? » C'est le mobile de ce crime passionnel qui le distingue des autres, le jury comprend qu'il ne peut pas mettre sur le même pied, punir de la même peine le mari qui venge son honneur outragé, la fille qui tue son amant qui l'a abandonnée, elle et ses enfants, et l'assassin haineux, aux instincts pervers, qui tue pour voler sa victime. La loi ne lui permet pas de faire ces distinctions, elle ne met pas à sa disposition une peine spéciale, qui ne déshonorerait pas ce coupable, sévère peut-être, mais juste, parce qu'elle correspondrait à la nature du crime et aux mobiles qui ont entraîné le délinquant.

La peine parallèle de la seconde échelle pourrait en-

(1) M. Garçon, *Rev. Pénit.*, 1896.

core être appliquée dans un grand nombre de cas, en principe à tous les délits lorsqu'ils n'ont point un but honteux et n'ont pas été inspirés par un mobile déshonorant ou vil, lorsqu'enfin ils auront été accomplis par des moyens avouables. Il suffira de citer le duel, certains délits contre les mœurs, le vol dans certains cas exceptionnels, etc.....

Il est incontestable que dans la dernière moitié de ce siècle, nous voyons les juges, professionnels ou jurés, se préoccuper de plus en plus du mobile qui a inspiré l'agent ; nous avons déjà montré comment une bonne loi pénale devait suivre pas à pas les mouvements de l'opinion publique. Il s'agit donc ici encore de mettre la loi d'accord avec les faits ; le législateur ne doit pas négliger cette classification des délinquants, faite chaque jour par nos tribunaux, qui explique leurs décisions, il doit, au contraire, s'appliquer à faire pénétrer la distinction dans notre Code pénal.

Nous n'entrerons point dans le détail de l'organisation des peines parallèles, nous nous contenterons d'exposer le principe du système. Il nous reste un point à élucider : le mode de fixation de ces peines parallèles.

Nous aurons ainsi deux peines : l'une exceptionnelle et l'autre de droit commun, mais qui choisira entre ces deux peines celle qui devra être appliquée au délinquant ?

Le Code pénal italien du 23 novembre 1888 admet deux peines parallèles : la réclusion et la détention, ce sont deux peines temporaires d'égale durée, mais de nature différente, destinées à punir deux classes distinctes de délinquants. Est-ce le législateur ou le juge qui choisissent entre ces deux peines? Dans le projet définitif, le choix de la peine est en principe laissé au législateur, le juge n'a la faculté de remplacer la réclusion par la détention que dans les cas vraiment douteux et spéciaux énoncés par la loi. Le législateur italien craignait que les juges ne fissent un usage abusif de la seconde peine parallèle. Il y a dans le Code : 118 délits punis de la réclusion, 62 sanctionnés par la détention, enfin il y a 13 délits pour lesquels le juge peut appliquer la réclusion ou la détention à son libre choix.

Cette disposition définitive du Code italien ne fut admise qu'après les plus vives controverses ; dans les nombreux projets préliminaires (1876-1883) le choix de la peine était laissé au juge. Lors de la dernière discussion, c'est en vain que le sénateur Ferraris (1) fit observer avec beaucoup de justesse que l'arbitraire du législateur n'était pas moins à redouter que celui du juge ; il s'agit moins ici de mesurer la moralité d'un fait répréhensible que la moralité du délinquant, et c'est le juge seul qui, dans une espèce déterminée, est en position de l'apprécier avec justice et en connaissance de cause ; les deux peines étant destinées à la répression de délits, peut-être objectivement identiques, mais

(1) Séance du 14 novembre 1888.

différents par leurs motifs, il n'était pas possible au législateur d'évaluer a priori ces motifs.

Nous retrouvons encore le système des peines parallèles dans la législation pénale allemande de 1871 (1). Elle édicte comme peines de droit commun : la réclusion perpétuelle ou temporaire, l'emprisonnement de un jour à cinq ans, et comme peine parallèle exceptionnelle : la détention de plus de cinq ans si le fait est un crime, de moins de cinq ans si c'est un délit. La détention est une peine privative de liberté, qui s'exécute en général dans des forteresses.

D'après le Code pénal allemand, c'est tantôt le législateur, tantôt le juge qui applique la peine parallèle. Comme exemples du premier procédé, on peut citer les articles 87, 90, 92, etc... ; c'est ainsi que l'article 87 décide : « Tout Allemand qui aura entretenu des intelligences avec un gouvernement étranger, afin de l'engager à entreprendre la guerre contre l'empire d'Allemagne, sera puni, pour crime de trahison envers l'État, de cinq ans de réclusion au moins, et, si la guerre s'en est suivie, de la réclusion à perpétuité.

« En cas de circonstances atténuantes, la peine sera la détention de six mois à cinq ans, et, si la guerre s'en est suivie, de cinq ans au moins. »

S'il y a des circonstances atténuantes, la réclusion est remplacée par la détention, non seulement elles dimi-

(1) *Annuaire de législ. étrang.*, 1871.

nuent la peine en quantité comme en droit français, elles en changent encore la nature.

Avec le second procédé, le législateur permet au juge de choisir entre la réclusion et la détention : articles 81, 84, 85, 86, 89. L'article 83 décide : « Seront punis de cinq ans, au moins de réclusion ou de détention ceux qui,..... ». Toutefois dans l'article 20, il est dit que « Dans le cas où la loi laisse au juge le choix entre la peine de la réclusion et celle de la détention, la peine de la réclusion ne pourra être appliquée que si le fait punissable a été inspiré par un sentiment contraire à l'honneur. » C'est là une indication imposée au juge par le législateur, le juge ne pourra appliquer la peine la plus sévère que si le mobile qui a poussé le délinquant a été bas et méprisable.

Ajoutons que le législateur allemand, tout en adoptant le système des peines parallèles, ne les a guère appliquées en dehors des délits politiques. Pour les délits de droit commun il ne s'est plus inspiré de l'article 20 : en principe pour ces délits la peine est la réclusion, et s'il y a des circonstances atténuantes le juge applique l'emprisonnement, article 217, 218, 224, etc.....

Quel procédé préférer : celui du choix de la peine parallèle fait par le juge, ou bien celui où le choix est fait par le législateur ?

Un grand nombre de criminalistes des plus éminents, parmi lesquels nous voyons M. Léveillé : craignent l'arbitraire du juge, ils laissent le choix au législateur. « J'arrive parconséquent à ce résultat (1) que c'est le législateur lui-même qui déterminera à priori de quelle peine, emprisonnement ou détention, sera frappé l'auteur de telle catégorie d'infractions ; etc..... »

M. Le Poittevin préfère un système mixte : pour une première catégorie de délits, le législateur déciderait que la peine de droit commun seule serait applicable : dans une deuxième catégorie et sous certaines conditions, il serait permis au juge d'appliquer la peine parallèle, enfin dans les autres cas, limitativement déterminés par lui, le législateur laisserait le choix de la peine à la libre appréciation des magistrats.

Il nous semble cependant que le système des peines parallèles demanderait que le choix de la peine parallèle fut laissé à la discrétion du juge, lui seul peut scruter les mobiles qui ont déterminé le délinquant, apprécier la cause du crime. Le législateur ne peut remplir ce rôle sans commettre des erreurs inévitables : « On a vu que des coquins pouvaient (2), à un certain moment, agir sous une impulsion généreuse et commettre des crimes qui pussent ressembler à des crimes d'honnêtes gens ; (l'avant-projet suisse n'a pas craint de le reconnaître dans un texte légal). A l'inverse, des criminels d'accident peuvent avoir commis leur crime sous l'im-

(1) M. Léveillé, *Rev. pénit.*, 1897.

(2) M. Saleilles, *Individualisation de la peine.*

pulsion de sentiments très bas, qui, à ne voir qu'eux, révéleraient le professionnel endurci et perverti à fond.

Si la loi fait dépendre forcément la spécialisation de la peine de la spécialisation du motif, le juge n'aura pas le choix et sera obligé d'appliquer la peine attachée par la loi elle-même au motif du crime. Ceci est inacceptable : ce qu'il faut, c'est que le juge n'ait pas la main forcée. »

Le législateur ne pourra donc que poser des principes généraux qui serviront aux juges de fil conducteur pour rendre leurs décisions conformément aux vœux de la loi.

Le projet de Code pénal français applique la peine politique à un plus grand nombre de délits. Mais il ne permet pas au juge de choisir dans tous les cas entre les deux classes de peines. La nouveauté du système, l'incertitude de ses résultats pratiques semblent avoir effrayé les rédacteurs du projet. A propos de la modification de notre Code pénal, M. Léveillé disait (1) : « Je n'ai pu obtenir sur tous les points une satisfaction complète, et je ne m'en étonne qu'à moitié. Dans notre commission, qui n'était pas nombreuse, mais qui fut laborieuse, nous étions, cela s'explique aisément, mùs par des considérations diverses et par des habitudes différentes d'esprit et de carrière. Lorsque je formulais une idée nouvelle, et l'idée semblait nouvelle toutes

(1) *Revue pénitentiaire*, 1877.

les fois qu'elle n'était pas encore acclimatée en France, je me heurtais à une vive et éloquente opposition. Plusieurs de mes collègues, dont j'ai apprécié dans ces luttes courtoises le mérite éminent, ayant vécu toute leur vie dans la pratique obstinée de nos lois, ne paraissaient plus sensibles aux imperfections de nos Codes. »

CHAPITRE VI

SENTENCES INDÉTERMINÉES

—

Avec le système des sentences indéterminées, le pouvoir du législateur et du juge dans la fixation des peines est considérablement restreint, le principal rôle passe à l'administration.

Le délinquant est condamné à une peine dont la durée n'est pas fixée au moment même de la condamnation, c'est la suppression du dosage judiciaire et légal des peines, c'est enfin l'incertitude de la libération ; tel individu, s'étant rendu coupable de vol, est condamné à un emprisonnement de durée indéterminée.

Aujourd'hui, le juge prononce la peine indiquée par la loi, c'est le châtiment moral de la mauvaise action commise, châtiment proportionné à la culpabilité du délinquant. Qu'importe alors au juge et au législateur le sort du condamné, sa vie en prison, sa destinée après sa libération et son reclassement ? Il suffit qu'il répare, qu'il expie le délit qu'il a commis. Abandonnons ce système, disent les partisans de la peine indéterminée, la peine humaine ne doit pas être une expiation, son véritable but c'est l'amendement du coupable ; il faut l'empêcher de récidiver, la peine doit être une garantie pour l'avenir.

C'est ce résultat que l'on obtient avec le système des sentences indéterminées : on infligera la peine dans la mesure où cela sera nécessaire pour l'amendement du coupable.

Qu'est-ce que produira le châtiment prononcé par le juge dans le système des peines fixes ? Lui-même n'en sait rien, il ne se préoccupe pas de l'amendement de celui qu'il condamne, il se contente de fixer la peine sur le degré de culpabilité qu'il attribue à l'inculpé. De plus, ce système conduit, dit-on, à la récidive : le détenu est sûr de sortir de prison à une époque qu'on lui a fixée, il s'occupe peu de son amendement, il n'a peut-être pensé, pendant son séjour en prison, qu'aux nouveaux délits qu'il commettra après sa libération.

Il faut donc changer ce système et lui en substituer un autre : le juge décidera si le prévenu est coupable. S'il a commis le délit qu'on lui imputait, il sera renvoyé dans un établissement pénitentiaire où l'on examinera s'il est possible de l'amender ; là, on le traitera, on le guérira et, dès qu'il ne sera plus dangereux pour la société, on le mettra en liberté. Le détenu, sachant qu'il ne sera libéré que le jour où il aura donné des preuves d'amendement, aura tout intérêt à se corriger, il saura de plus que s'il revient dans l'établissement après avoir commis un nouveau délit, il pourra moins facilement tromper ceux qui l'auraient mal jugé une première fois.

Les peines indéterminées paraissent donc plus justes et plus efficaces que les peines fixes et donnent plus de garanties à la société.

Trois rouages collaboreront à l'œuvre de la répression : la loi, le juge et l'administration pénitentiaire, mais l'indétermination de la pénalité modifiera les attributions respectives de ces trois pouvoirs.

Le rôle du législateur consistera à définir les actes délictueux et à organiser la répression, mais le quantum ou le tarif de la peine lui échappera. Dans un système d'indétermination absolue, l'abdication des pouvoirs du législateur dans la fixation de la peine est presque complète ; les formules de notre Code pénal seraient étrangement modifiées, au lieu de dire, comme dans l'article 401 : « Les autres vols..... seront punis d'un emprisonnement de un an au moins et de cinq ans au plus et pourront même l'être d'une amende qui sera de seize francs au moins et de cinq cents francs au plus », le législateur se contenterait de décider que « les autres vols..... seront punis d'un emprisonnement de durée indéterminée ».

Que le législateur fixe et définisse les actes punissables et, limitant ainsi le droit de chacun, il le précise, c'est là enfin une protection nécessaire, mais suffisante contre tout arbitraire. Peu lui importe la mesure de la peine, la détention indéfinie du condamné, c'est l'intérêt bien compris de ce dernier et la sécurité sociale qui l'exigent.

Le juge prononcera une sentence indéterminée! Il n'aura plus qu'à rechercher si l'acte tombe sous le coup de la loi pénale et si l'inculpé s'est bien rendu coupable du fait qui lui est imputé. On lui retire le dosage de la peine, qui n'est pour lui qu'une opération machinale et secondaire! « On prétend que le juge s'en acquitte médiocrement, et M. von Liszt défie qu'on lui cite un magistrat en Allemagne qui se déclare satisfait de cette partie de sa tâche. D'ailleurs, ses études juridiques, son expérience professionnelle peuvent lui donner la sagacité nécessaire pour élucider la question de preuve, la subtilité qu'il faut pour résoudre un problème de droit; sans doute, il serait encore désirable qu'il connût un peu le monde des délinquants; mais pourtant, tel qu'il est, instruit, indépendant et consciencieux, il peut être un bon juge, sauf toutefois pour le dosage. »

C'est enfin l'administration pénitentiaire qui est chargée de résoudre ce dernier problème, si secondaire pour le législateur et si peu approprié aux facultés du juge, celui de déterminer le quantum de la peine.

Le système des sentences indéterminées bouleverse les principes de la fixation des peines, admis jusqu'alors d'une façon incontestée: « L'indétermination de la peine n'est pas en harmonie avec l'ensemble des principes de notre droit public, qui cherche en matière répressive à sauvegarder la liberté individuelle contre l'arbitraire et qui ne voit dans l'indétermination de la sentence de condamnation à une peine qu'une survivance des anciennes lettres de cachet et une extension illimitée des pouvoirs de l'administration (1). » Ce système constitue l'entreprise la plus dangereuse contre la liberté de l'individu ; le droit pénal fait partie du droit public et doit poursuivre un double but : assurer la répression du crime et garantir la liberté de l'individu en souffrant qu'elle ne lui soit ravie que par l'intervention judiciaire pour des actes prévus et punis par la loi.

Dans notre système répressif actuel, l'individualisation de la peine ne va pas sans arbitraire, mais ce pouvoir arbitraire du juge ou de l'administration est sagement limité et réglementé. Avec les sentences indéterminées, le maximum fixé par le législateur est supprimé, car s'il y a un maximum le système disparait, l'essence de ce régime étant de laisser pleine et entière liberté à l'administration pour maintenir le condamné en prison. Or sans maximum, il n'y a plus qu'arbitraire ; qui saura, qui décidera quand le détenu sera amendé ? Le principe de la liberté individuelle exige une garantie et pour cela il faut que la peine soit fixée, au moins quant à son maximun, par le législateur. Les défauts du système de l'indétermination apparaîtront plus claire-

(1) M. Prins, *Criminalité et répression.*

ment encore lorsqu'il s'agira d'appliquer la sentence indéterminée à un délinquant politique : le juge l'envoie en prison sans fixer la durée de sa peine, sa libération dépendra du bon vouloir de son pire ennemi ; alors, comme le dit M. Sternau, « le citoyen, qui, pour un léger délit, aura été condamné et envoyé dans l'établissement, ne saura pas si au bout de six mois, au bout de trois ans, au bout de dix ans, ni même si jamais il recouvrera sa liberté ». « Les adversaires d'extrême droite ou d'extrême gauche seraient emmurés vivants comme les vestales pécheresses. »

En principe, la peine doit cesser le jour où le détenu aura montré des preuves certaines de son amendement. N'oublions pas que la peine ne doit pas seulement tendre à l'amendement du condamné, mais qu'elle doit encore être intimidante et exemplaire. L'éducation morale du détenu sera le plus souvent une vaine tentative, l'éducation n'a plus de prise sur l'adulte, pour lui l'emprisonnement sera correctif si le détenu redoute la prison.

Et puis à quel moment pourra-t-on dire que le détenu s'est amendé ? Quand saurez-vous qu'il est corrigé ? Jamais. Si vous l'interrogez, il sera toujours amendé, au premier sermon cet individu sera convaincu. Pour avoir la preuve de sa guérison, on examinera, dit-on, sa conduite en prison : le bon détenu, c'est le récidiviste endurci, il est habitué à la prison, il en connaît la discipline, tout de suite il devient obéissant, c'est lui qui travaille le mieux à l'atelier. Il est impossible de connaître les véritables sentiments du condamné : celui qui aura perdu tout sentiment de dignité, qui ne craindra pas de commettre les dernières bassesses pour s'attirer les bonnes grâces de l'aumônier ou du gardien, se verra placé en première ligne sur la liste de sortie ; la libération apparaîtra comme une prime à l'hypocrisie du détenu.

Pour juger de cet amendement, il faudra s'adresser au gardien, au maître du prisonnier : s'il ne le trouve pas assez obéissant, assez zélé ou complaisant, il saura bien retarder sa libération. M. Tarde disait : « L'arbitraire du gardien sera capricieux, irritable, vindicatif, passionné. On libérera pour se débarrasser, on gardera pour se venger. »

Pour éviter ces inconvénients, on admet des atténuations de deux sortes au principe absolu des sentences indéterminées.

1° Au lieu d'une peine absolument indéterminée, on a proposé une peine indéterminée, mais avec maximum fixé par la loi ; ou bien la limitation, au lieu d'être légale, serait le fait du juge, qui, en prononçant la condamnation, ordonnerait que le coupable serait nécessairement libéré au bout d'un nombre déterminé d'années d'emprisonnement. Enfin, la peine relativement indéterminée, peut être limitée par un maximum légal et par un minimum judiciaire ;

2° On a ensuite pensé à n'appliquer ces sentences

indéterminées qu'à une certaine catégorie de délinquants : pour les uns ce seront les délinquants primaires, pour d'autres ce seront les condamnés susceptibles d'amendement, pour les autres enfin ce seront les récidivistes. M. Garçon admettait se système sous cette dernière forme pour les pays où l'on n'admet pas l'élimination des récidivistes endurcis, chez nous, dit-il, il serait inutile puisque nous avons la relégation.

Les sentences indéterminées sont appliquées en Amérique et notamment au Reformatory d'Elmira depuis 1876, sous la direction de son fondateur M. Brockway. On n'y reçoit que des délinquants présentant toutes les conditions désirables par le succès d'un traitement amendant, on n'y accepte que des délinquants primaires âgés de 16 à 30 ans. De plus la loi fixe la durée maxima de la détention : « La durée de l'emprisonnement pour un individu condamné et remis à l'établissement est déterminée par le directeur de l'établissement ; toutefois cet emprisonnement ne doit pas se prolonger au-delà du maximum prévu par la loi pour le délit qui a motivé la condamnation du détenu. » Loi du 24 avril 1877.

Les résultats seraient merveilleux d'après les statistiques, 83 0/0 des individus qui en sont sortis n'ont plus commis de délits. Sans discuter ces chiffres, il est probable que l'établissement d'Elmira vaut surtout par les qualités éminentes de son directeur, son influence se fait sentir sur les détenus, de tels exemples sont rares et exceptionnels.

On a pu dire que le système des peines indéterminées existe en France jusqu'à un certain point, depuis la loi du 14 août 1885 sur la libération conditionnelle : il suffit que le condamné ait accompli la moitié ou les deux tiers de sa peine, pour qu'il soit loisible à l'administration de lui ouvrir les portes de la prison ; c'est ainsi que dans l'espace de cinq ans, de 1885 à 1890, il a été accordé 5,261 libérations anticipées, dites conditionnelles (1). « Si nous n'avons pas encore accueilli l'institution des sentences indéterminées (2), c'est que l'individualisation de la peine qui en résulterait se retournerait contre le délinquant lui-même en lui enlevant la garantie d'un maximum, et si on laisse subsister cette garantie, la réforme est inutile, car il n'y a rien dans les sentences indéterminées que ne contienne déjà la libération conditionnelle. »

Depuis 1885, il y a bien indétermination dans la durée de la peine, mais il faut ajouter que l'indétermination du jour de la libération conditionnelle se trouve restreinte dans des limites assez étroites : par un minimum légal (la moitié ou les deux tiers de la peine), et par un maximum judiciaire, bien éloigné le plus souvent du maximum légal : si nous supposions que le vol était puni à Elmira de cinq ans d'emprisonnement au maximum comme chez nous, la libération arriverait au

(1) *Journal officiel*, 29 octobre 1893.
(2) M. Cuche, *Rev, pénit.*, 1894.

bout de quelques jours de détention, ou au plus tard à l'expiration des cinq ans. En France, au contraire, le juge dira : tel individu mérite six mois de prison, l'administration pénitentiaire, si le détenu n'est pas récidiviste, pourra seulement le libérer à partir du troisième mois et le condamné sera certain d'être renvoyé au bout de six mois.

La peine légale est considérée comme un maximum que le juge ou l'administration ne sont jamais autorisés à dépasser, et c'est ce principe de droit public qui, lors du Congrès de l'union de droit international de droit pénal, tenu à Paris en 1893, a fait échec à l'adoption des sentences indéterminées (1).

Ajoutons pour terminer que nous avons en France une peine indéterminée : l'individu coupable de mendicité est, à l'expiration de sa peine, conduit au dépôt de mendicité ; le législateur ne détermine pas combien de temps durera cet internement. Une circulaire de 1812 disait : « que les mendiants et vagabonds y seront retenus jusqu'à ce qu'ils se soient rendus habiles à gagner leur vie par leur travail. » Qu'est-ce qu'à produit ce système ? L'administration n'a jamais exécuté le Code pénal sur ce point : il y a fort peu de dépôts de mendicité, au bout de quelques mois l'administration pense que le vagabond lui a coûté assez cher ; on le garde un temps égal à celui de la peine qu'il a subie (3 ou 6 mois) et

(1) Séance du 26 juin 1893.

puis on le renvoie sans se préocuper s'il est ou non amendé. « Ceux qui connaissent les dépôts de mendicité savent bien que, s'ils sont devenus le receptacle de toutes les misères et de toutes les infirmités morales ou physiques, ils ne sont jamais parvenus à rendre à la vie régulière les malheureux auxquels ils ont donné asile, et que ceux auxquels les portes sont ouvertes en sortent souvent pires qu'ils y sont entrés (1). » Cette peine n'a pu être maintenue dans nos lois que parce qu'elle n'a jamais été appliquée.

(1) Chenest, discours de rentrée 1884.

CONCLUSION

Arbitraire dans notre ancien Droit, la peine devint légale et fixe sous la Révolution, le rôle du législateur fut alors prépondérant ; depuis le Code pénal, au contraire, il a vu son importance diminuer : tout en sauvegardant les grands principes de la liberté individuelle, le législateur a laissé, avec un pouvoir d'appréciation toujours plus étendu, la détermination précise de la peine aux juges et à l'administration pénitentiaire.

Cette substitution des pouvoirs judiciaire et administratif à celui du législateur a coïncidé avec les idées nouvelles qui pénétrèrent en Droit pénal : il faut considérer, pour fixer la peine, le délinquant lui-même autant que le délit commis et le châtiment encouru doit tendre à l'amendement du condamné.

« L'expérience nous enseigne que la nature de l'homme doit dicter au législateur le mode de pénalité le mieux approprié au but poursuivi (1). »

Le système répressif idéal serait celui qui permettrait d'appliquer à chaque délinquant une peine particulière,

(1) M. Prins, *Science pénale et droit positif*, préface, page 45.

conforme à sa nature, propre à corriger ses défauts et à développer ses qualités ; la crainte de l'arbitraire et du despotisme empêchera souvent l'application de ces idées, bien que ce soit là les tendances de notre Droit pénal moderne et le but des théories nouvelles.

Dans la fixation de la peine, il faudrait tenir compte de ce fait que l'homme n'est pas seulement responsable de sa perversité morale individuelle, mais aussi de la contagion que cette perversité peut provoquer dans le monde des criminels possibles ; l'homme a des droits que la loi pénale doit sauvegarder, de là l'importation d'un maximum dans la sanction, mais n'y a-t-il pas aussi les droits de la société qu'il ne faut pas davantage sacrifier dans cette détermination des peines ?

A l'heure actuelle, l'abaissement de la pénalité est devenu fort inquiétant si l'on pense que la criminalité s'accroît de jour en jour : les acquittements du jury se multiplient, les circonstances atténuantes, devenues de style en matière correctionnelle, ont fait disparaître des condamnations l'aggravation de peine édictée par nos lois contre les récidivistes, l'obtention du sursis et de la libération conditionnelle viennent porter un dernier coup au caractère intimidant de nos peines.

Puisqu'aujourd'hui nos mœurs repoussent l'exemplarité et la souffrance, les lois ne peuvent guère se risquer à entraver cette tendance. Pour remédier au danger qui menacerait alors la société, le législateur peut s'attacher à prévenir le crime en le combattant dans ses causes : mauvaise éducation, alcoolisme, misère, etc..., et en protégeant le délinquant à sa sortie de prison : assistance publique et privée, réhabilitation, patronage.

Vu :

Le Président de la thèse,

A. LE POITTEVIN.

Vu

Le Doyen,

GLASSON.

Vu et permis d'imprimer :

Le Vice-Recteur de l'Académie de Paris,

GRÉARD.

BIBLIOGRAPHIE

—

Andréadès. — Les peines parallèles, thèse. — Paris, 1899.

Annuaire de législation étrangère.

Annuaire de législation comparée.

Beccaria. — Traité des délits et des peines.

Bérenger. — Préface des « Institutions pénitentiaires de la France ».

Bozérian. — Projet de loi sur les circonstances atténuantes, 1885.

Cahiers des doléances aux États-Généraux, 1789.

Chauveau. — Code pénal progressif, 1832.

Chevrier. — Un nouveau Code pénal, discours de rentrée, 1884.

Code pénal italien du 30 juin 1889.

Code pénal allemand de 1871.

Code Hollandais du 2 mars 1881.

Code pénal de Genève de 1874.

Congrès pénitentiaire de Stockholm 1878.

Congrès pénitentiaire de Rome 1885.

Congrès pénitentiaire de Paris 1893.

Cuche. — Revue pénitentiaire 1894, l'avenir de l'intimidation.

Dalloz. — Code pénal annoté.

Desportes. — De l'exécution de la peine.

De Vence. — Revue pénitentiaire 1898, l'arbitraire du juge.

Duvergier. — Collection des lois et décrets.

Esmein. — Histoire du droit.

Fournez. — Discours de rentrée 1885, les circonstances très atténuantes.

Frédéric Lévy. — Les sentences indéterminées, thèse. Paris, 1896.

Garraud. — Traité du droit criminel.

Gauthier. — Revue pénale suisse, 1893-1894.

Hélie Faustin. — Législation et jurisprudence, année 1843, du système des circonstances atténuantes.

Garçon. — Cours. Revue pénitentiaire 1894-1896 (les peines parallèles).

Imbert. — La pratique judiciaire, tant civile que criminelle, édit. 1665.

Journal *Le Droit*, 20 mai 1887.

Journal Officiel.

Jousse. — Traité de la justice criminelle de France, édit. 1771.

Le Moniteur Universel, 1831.

Le Poittevin. — Cours. Revue pénitentiaire, 1893 (étude sur le projet de Code pénal français). 1897.

Leveillé. — Revue pénitentiaire, 1897.

Locré. — Travaux préparatoires du Code pénal.

Montesquieu. — Esprit des lois, liv. 12, chap. 4.

Muyard de Vouglans. — Institutes au droit criminel, ou principes généraux sur ces matières suivant le droit et la jurisprudence du royaume, édit. 1757.

Pascaud. — Une esquisse de réformes pénales.

Prins Adolphe. — Criminalité et répression, 1886.

— Science pénale et droit positif, 1899.

Rapports de M. Bérenger, 1883-1890.

Rigaud. — De l'influence du motif en matière criminelle, thèse. Paris, 1898.

Saleilles. — Individualisation de la peine.

Stooss. — Exposé des motifs de l'avant-projet de Code pénal suisse.

Taine. — L'ancien régime.

Tanon. — Rapport à la Cour de cassation sur les circonstances très atténuantes.

Travaux préparatoires du Code de 1810, des lois de 1832 et de 1891.

TABLE DES MATIÈRES

Pages

Introduction 1

PREMIÈRE PARTIE

Historique de la question

Chapitre Ier. — Comment le pouvoir a été amené à punir l'acte criminel 7

Chapitre II. — Le droit barbare en Gaule du Ve au Xe siècle.. 9

Chapitre III. — Le système répressif de notre ancien Droit. — Les peines arbitraires.. 13

Chapitre IV. — Les peines légales fixes. — Loi du 25 frimaire an VIII.. 23

DEUXIÈME PARTIE

Le Code pénal de 1810 et les lois postérieures qui sont venues le modifier

Chapitre Ier. — Système du Code pénal : peines légales avec maximum et minimum.. 35

Chapitre II. — Loi du 25 juin 1824.. 45

Chapitre III. — Les circonstances atténuantes. — Loi du 28 avril 1832. — Législations étrangères... 46

Chapitre IV. — La loi du 13 mai 1863 et le décret du 27 novembre 1870 68

Chapitre V. — La Relégation.. 71

Chapitre VI. — La libération conditionnelle 78

Chapitre VII. — Loi du 26 mars 1891 sur l'aggravation et l'atténuation des peines 82

Chapitre VIII. — Résultats de notre système pénal.......... 92

TROISIÈME PARTIE

Étude critique des théories proposées sur le mode de fixation des peines

Chapitre Ier. — Du rôle objectif et subjectif du législateur dans la fixation des peines..... 97

Chapitre II. — Théorie du maximum et du minimum des peines 102

Chapitre III. — Les circonstances très atténuantes........... 110

Chapitre IV. — Théorie de l'unité de peine privative de liberté ou système de la peine unique. 114

Chapitre V. — Les peines parallèles................. 119

Chapitre VI. — Sentences indéterminées.... 130

Conclusion....... 141

Bibliographie........................... 145

Grande Imprimerie de Blois, 2, rue Haute. X 5075.

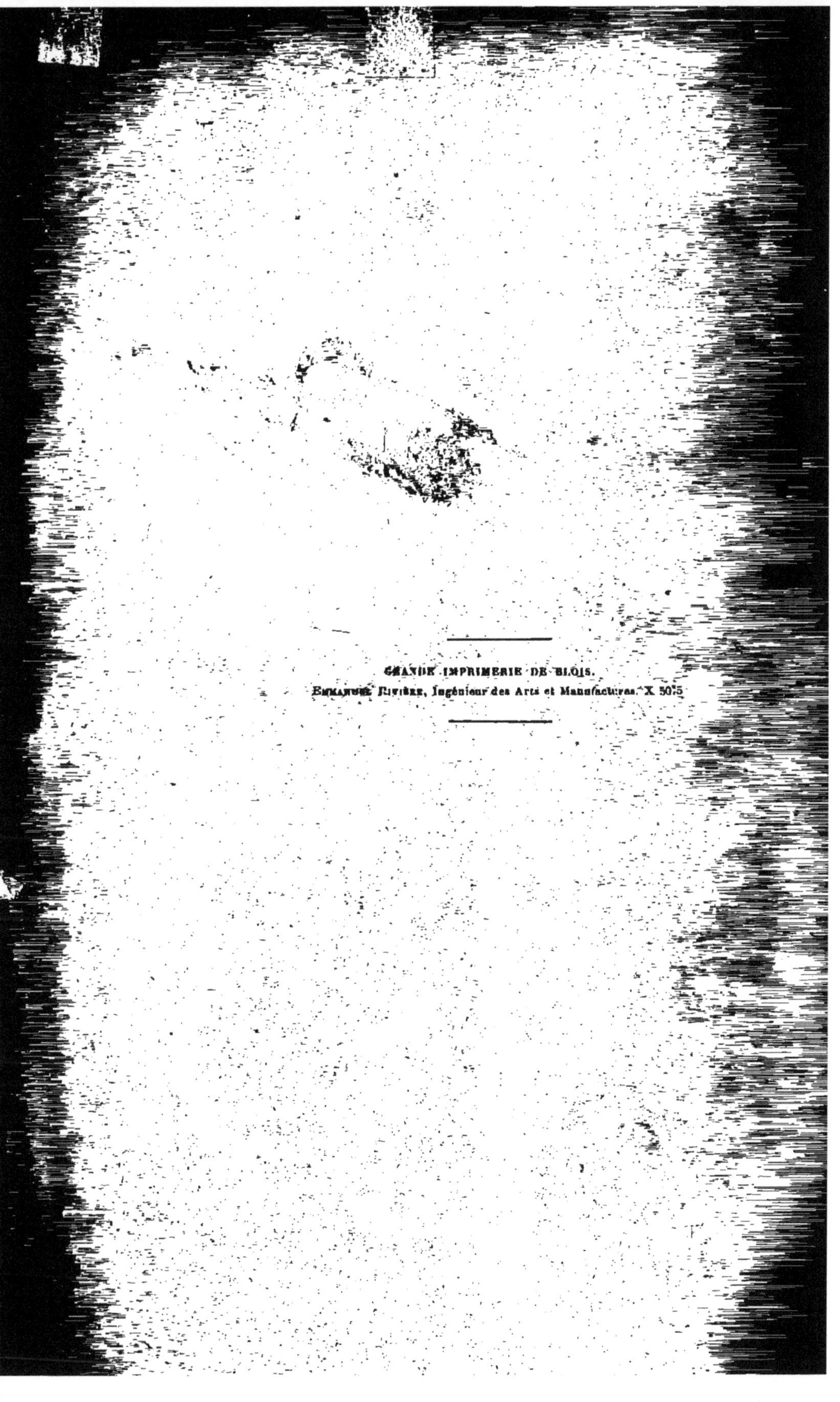

GRANDE IMPRIMERIE DE BLOIS.
EMMANUEL RIVIÈRE, Ingénieur des Arts et Manufactures. X 5075

www.ingramcontent.com/pod-product-compliance
Ingram Content Group UK Ltd.
Pitfield, Milton Keynes, MK11 3LW, UK
UKHW021056200726
13857UKWH00003B/957

9 782013 074155